Rede Ministerial

Pessoas Certas... Nos Lugares Certos... Pelas Razões Certas...

GUIA DO PARTICIPANTE

Bruce Bugbee • Don Cousins • Bill Hybels

Editora Vida
Dedicados à Excelência

ISBN 85-7367-217-X

Categoria: Crescimento da Igreja

Este livro foi publicado em inglês com o título
NetWork: Participant's Guide, por
Zondervan Publishing House

1ª impressão, 1996
2ª impressão, 1997
3ª impressão, 1997
4ª impressão, 1998
5ª impressão, 1998

Traduzido e adaptado pela Igreja Batista Central
de Fortaleza, Ceará

As citações bíblicas foram extraídas da Edição Contemporânea
da Tradução de João Ferreira de Almeida, publicada pela
Editora Vida, salvo onde outra fonte for indicada.

Filiado a:
abec
SÓCIO
ASSOCIAÇÃO BRASILEIRA DE EDITORES CRISTÃOS

Impresso no Brasil, na Imprensa da Fé

CONTEÚDO

PREFÁCIO À EDIÇÃO BRASILEIRA

O que poderíamos chamar de coincidência, a reafirmação do sacerdócio do crente, a valorização da Igreja Local e a redescoberta do papel de cada membro no corpo de Cristo, está se caracterizando num mover do Espírito Santo que tem agido as mais diferentes realidades eclesiásticas.

Dons e ministérios, corpo e família, sacerdócio do crente e os mandamentos recípocros têm se tornado valores prioritários na agenda dos que buscam o sadio e frutífero avanço do reino de Deus.

As ferramentas que possibilitam a implementação destes valores têm sido aperfeiçoadas e criativamente propostas de maneira a tornar possível o sonho de se ter igrejas vivas e relevantes, capazes de impactar a nossa geração. Na busca de melhores instrumentos que viabilizem a implementação destes valores sublinhados pelo Espírito Santo, a Igreja Batista Central de Fortaleza vem promovendo eventos inicialmente chamados de Feira dos Ministérios e depois Encontro de Pastores e Líderes, onde é estimulado a divulgação de novos programas, metodologias modernas, estratégias ministeriais e o intercâmbio entre os que estão experimentando facetas do que ousamos chamar de REAVIVAMENTO ECLESIÁSTICO.

Neste contexto de alternativas, surge a REDE MINISTERIAL como uma ferramenta capaz de veicular os valores que revitalizam a Igreja Local. A REDE MINISTERIAL promove em qualquer cultura ou contexto a alocação de membros na comunidade de acordo com a Paixão Ministerial, os Dons Espirituais e o Estilo Pessoal de cada membro do corpo, cumprindo de maneira objetiva o imperativo que brota das páginas do Novo Testamento — "*Servi uns aos outros, conforme o dom que cada um recebeu... para que em tudo Deus seja glorificado...*" (I Pe 4:10-11; Gl 5:13; Ef 4:7-14).

PREFÁCIO

Considero o desenvolvimento do material Rede Ministerial um dos mais significativos impactos de crescimento espiritual na história da Igreja Comunitária de Willow Creek.

Anos atrás, descobrimos que os crentes crescem no serviço a Cristo quando servem nas áreas relacionadas com seus dons, e em conformidade com a singularidade com a qual Deus os fez. O material da Rede Ministerial cresceu a partir do nosso desejo de ajudar os crentes a descobrirem seus dons espirituais, aprendendo como usá-los no Corpo de Cristo, no âmbito da Igreja Local.

Os resultados da Rede Ministerial têm sido surpreendentes. Imaginem ter servos revigorados entrando para a linha de frente de nossa igreja a cada ano, confiantes no valor de seus dons e talentos, e desejosos de investi-los em ministério para a glória de Deus.

Isto está acontecendo!

Que Deus o abençoe à medida que você for aprendendo e crescendo através do estudo deste extraordinário material.

Bill Hybels
Pastor Responsável
Willow Creek Community Church

AGRADECIMENTOS

A Bíblia nos ensina que "nada há novo debaixo do sol" (Ec. 1:9). Este material da Rede Ministerial testemunha esta verdade eterna.

Tentei organizar para os crentes que desejam servir a Deus em sua igreja local um sistema simples e fácil de se entender. Para fazê-lo, utilizei-me da experiência e conhecimentos de vários autores, professores, líderes e servos de Deus. Este material foi adaptado, editado e escrito de forma a apresentar, àqueles que desejam participar de um ministério, uma maneira compreensiva e consistente de fazê-lo. Não poderia, entretanto, ter sido feito sem a contribuição e assistência de muitas pessoas.
A visão de Peter Wagner me inspirou a ver os Dons Espirituais compreendidos, descobertos e usados no ministério. O excelente material de seu seminário estabeleceu o fundamento para minha reflexão.

Os ensinamentos de Bill Hybels ajudaram-me a compreender a diferença entre Ocupação e Ministério. Todo este material está permeado com suas perspectivas. Ele nos ajudou com sua liderança na implementação de ministérios baseados em dons.

Don Cousins contribuiu com sua compreensão dos ministérios para maior clareza e praticidade deste material. Seu dom de discernimento nos rendeu um modelo de ministério capaz de estimular uma maior excelência no serviço.

Bobby Clinton, através de seu livro "Dons Espiriruais", nos ajudou na elaboração das diversas formas de determinar os Dons Espirituais.

Os presbíteros da Igreja Comunitária de Willow Creek exerceram fielmente sua supervisão na revisão desse material.

Lynne Hybels, Barb Engstrom, Juli Fillipini, e Jean Blunt trabalharam com amor nos primeiros manuscritos e em suas muitas revisões.

Wendy Guthrie contribuiu fundamentalmente para o aprendizado interativo do que é agora uma parte da Rede Ministerial. Seu compromisso com a qualidade de comunicação e a verdade bíblica beneficiará cada participante. Ela tem sido uma competente gerente do projeto no desenvolvimento do novo formato deste manual.

John Nixdorf trouxe a experiência de treinamento e perspectiva ao processo da nova redação. Seu espírito paciente e persistente tornou uma tarefa cansativa em algo alegre e rico em significado.

Jim Mellado serviu como catalisador na mudança do material existente para esta nova fase internacional. Ele começou um Ministério de Rede Ministerial, e partilha da paixão e da visão para aquilo que Deus está fazendo através do processo da Rede Ministerial.

Agradeço à Willow Creek Association pelo seu apoio e assistência em tornar este material disponível a um maior número de crentes. Suas conferências têm sido oportunidades excelentes para apresentar a Rede Ministerial a líderes cristãos ao redor do mundo.

Agradeço também ao Instituto Fuller de Evangelismo e Crescimento da Igreja, por sua distribuição das versões anteriores da Rede Ministerial. Nós partilhamos de um propósito comum.

Deixo também aqui um agradecimento especial àqueles que participaram da Rede Ministerial na Igreja Comunitária de

Willow Creek. O suporte e o apoio de vocês me liberaram para eu ser mais fiel e diligente em meu próprio serviço no Corpo de Cristo.

A essas pessoas, e a muitas outras que estão usando fielmente os seus dons, obrigado. Juntos, podemos servir a um corpo ainda maior de crentes que querem que suas vidas tenham valor para Cristo e desejam produzir um impacto no mundo pelo qual Ele morreu.

Bruce Bugbee
Presidente da Rede Ministerial Internacional

PARTE 1

O que é Rede Ministerial?

PASSAGEM-CHAVE DA ESCRITURA: GÁLATAS 5:13

VISÃO GERAL

Nesta seção você irá:

1. Identificar o **alvo** da Rede Ministerial

2. Identificar o **processo** da Rede Ministerial

3. Apresentar pelo menos duas **razões** pelas quais devemos servir

4. Descrever **como** devemos servir: *Ficha do Perfil do Servo*

GRUPO PEQUENO: IMAGINE UMA IGREJA

INSTRUÇÕES:

1. Apresente-se ao grupo.

2. Diga porque você veio ao Seminário da Rede Ministerial.

3. Comente as observações e os destaques do vídeo, justificando-os.

O ALVO DA REDE MINISTERIAL

A Rede Ministerial tem como alvo auxiliar os crentes a serem

____ e

____

num significativo lugar de serviço.

Vós, irmãos, fostes chamados à liberdade. Não useis, porém, a liberdade para dar ocasião à carne, mas servi-vos uns aos outros pelo amor. (Gl. 5:13)

Movimento sem Deslocamento

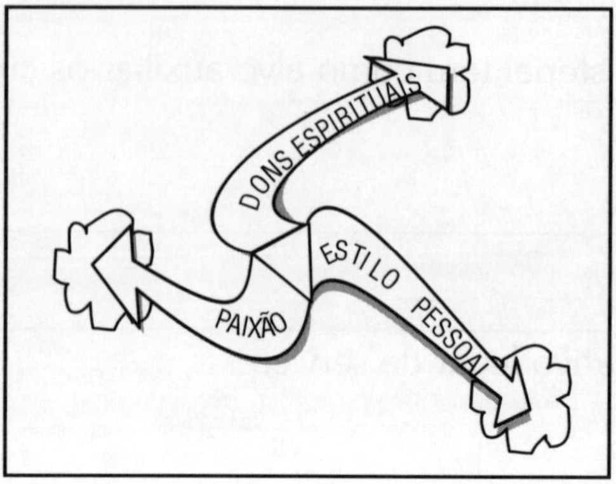

Atingindo um Alvo

Como uma pilha de peças de um quebra-cabeça

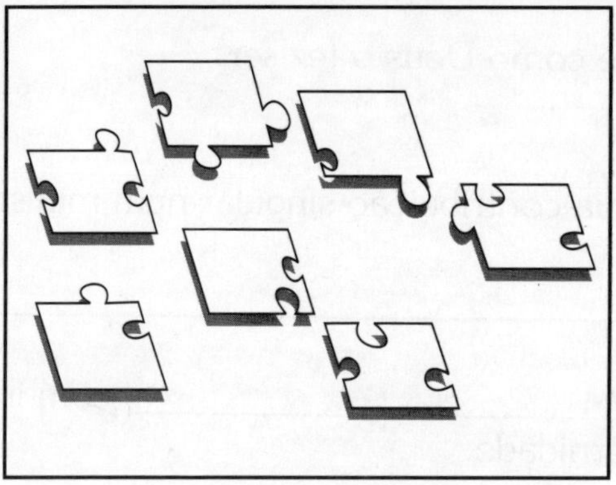

A Rede Ministerial encaixa as peças nos lugares certos

A Rede Ministerial vai ajudá-lo a entender:

- Mais sobre como Deus o fez ser.

- Como a sua contribuição singular num ministério pode fazer ______________________________ no ________________________ com implicações para a eternidade.

O Processo da Rede Ministerial

Primeiro Passo:______________________________

Você aprenderá mais sobre o seu perfil ______________
dado por Deus.

Segundo Passo: ______________________________

Um consultor irá ajudá-lo a descobrir o seu lugar de serviço,

um ministério ______________________ ao seu perfil.

Terceiro Passo: ______________________________

O __________________________________ é servir.

Por que devemos servir?

Os propósitos em servir na igreja são:

- ____
- ____

Vemos isto em muitos lugares nas Escrituras, mas há dois textos-chaves:

1. Os Dez Mandamentos (Ex. 20:1-17)

Os primeiros quatro mandamentos descrevem como

devemos ____________________________________

Os seis restantes descrevem como devemos

____

2. O Grande Mandamento

> *Respondeu-lhe Jesus: Amarás o Senhor teu Deus de todo o teu coração, de toda a tua alma e de todo o teu entendimento. Este é o primeiro e grande mandamento. O segundo, semelhante a este, é: Amarás o teu próximo como a ti mesmo. Destes dois mandamentos depende toda a lei e os profetas.* (Mt. 22:37-40)

Como o servir glorifica a Deus?

O serviço é uma forma de __________ e adoração a Deus.

Se alguém fala, fale segundo as palavras de Deus. Se alguém ministra, ministre segundo a força que Deus dá, para que em tudo Deus seja glorificado por Jesus Cristo. A ele pertence a glória e o domínio para todo o sempre. Amém. (1 Pe. 4:11)

Como o servir edifica outras pessoas?

O desempenho do serviço promove a _____________ da igreja.

E ele mesmo deu uns para apóstolos, e outros para profetas, e outros para evangelistas, e outros para pastores e doutores, tendo em vista o aperfeiçoamento dos santos para o desempenho do ministério, para a edificação do corpo de Cristo, (Ef. 4:11-12)

Glorificar a Deus e edificar as pessoas é o maior teste de um ministério!

Como devemos servir?

Perfil do Servo

Paixão

Sua Paixão (seu sonho maior) indica ______________ você serviria melhor.

Não há Paixão certa ou errada.

Dons Espirituais

Os dons espirituais indicam ______________ você fará quando estiver servindo.

Não há dons certos ou errados.

Estilo Pessoal

Seu estilo pessoal indica ______________ você servirá.

Não há estilo certo ou errado.

RESUMO

O Alvo da Rede Ministerial:

- Ajudá-lo a ser frutífero e realizado em um ministério.

O Processo da Rede Ministerial que nos ajudará a atingir esse alvo:

- Descoberta
- Consultoria
- Serviço

Por que devemos servir?

- Glorificamos a Deus
- Edificamos outras pessoas

Como devemos servir, de acordo com o nosso *Perfil de Servo?*

- Paixão
- Dons espirituais
- Estilo Pessoal

PARTE 2

Onde Devo Servir?

PASSAGEM-CHAVE DA ESCRITURA: SALMO 37:3-5

VISÃO GERAL

Nesta seção você irá:

1. Definir sua paixão e alistar três caraterísticas principais
2. Preencher o indicativo de sua Paixão.
3. Identificar uma ou mais possíveis áreas de Paixão Ministerial.
4. Adquirir um maior entendimento da sua Paixão Ministerial.

PAIXÃO

Características

A Paixão é ________________________________ .

Não há Paixão certa nem errada.

O Paixão responde à pergunta, "______________________" servirei?

Definição

A paixão é o desejo dado por Deus que nos impele a fazer diferença num determinado ministério.

Confia no Senhor e faze o bem; habita na terra e vive tranqüilo. Deleita-te no Senhor, e ele te concederá os desejos do teu coração. Entrega o teu caminho ao Senhor; confia nele, e Ele tudo fará, (Sl. 37:3-5)

Mas quando aprouve a Deus, que desde o ventre de minha mãe me separou, e me chamou pela sua graça, revelar seu Filho em mim, para que o pregasse entre os gentios, não consultei carne nem sangue, (Gl. 1:15-16)

INDICATIVO DE PAIXÃO

Uma parte importante na descoberta do seu *Perfil de Servo* é a compreensão da sua Paixão. Quando você tem uma paixão por uma determinada área de ministério, você estará mais entusiasmado e motivado a servir.

Instruções

1. Ore enquanto considera suas respostas às perguntas.
2. Complete o questionário sozinho.
3. Não há respostas certas nem erradas.
4. Não se preocupe "SE" você pode ou não concretizar sua paixão, nem "COMO" isto pode ser feito.
5. Complete o questionário como se não houvesse nenhum obstáculo para a realização dos desejos do seu coração.

Perguntas

1. Se eu pudesse, num piscar de olhos, saber que não falharia, o que eu faria?

evangelizaria

2. No final da minha vida gostaria de olhar para trás e saber que fiz algo em prol de:

das pessoas carentes

3. Se alguém mencionasse o seu nome para um grupo de amigos seus, o que eles diriam ser o seu maior interesse ou a sua grande paixão?

orar pelas pessoas

4. Qual assunto o levaria a conversar até tarde da noite?

problemas da igreja

A esta altura, se você puder descrever, em uma palavra ou uma frase, a sua Paixão ministerial, vá para a conclusão no item 10 e complete a frase. Porém, se você precisa de maiores esclarecimentos, complete as seguintes colocações.

5. O que eu mais gostaria de fazer em prol das outras pessoas é

ajudar as pessoas tanto financeiramente como espiri-tualmente

6. As pessoas que eu mais gostaria de ajudar são os/as:

☐ Bebês	☐ Crianças	☐ Jovens
☐ Mães adolescentes	☐ Mães/Pais solteiros	☐ Universitários
☐ Divorciados	☐ Viúvos(as)	☐ Solteiros
☐ Mulheres empresárias	☐ Recém-casados	☐ Refugiados
☐ Pais	☐ Casais maduros	☐ Sem teto
☒ Desempregados	☐ Idosos	☐ Deficiente físico
☐ Prisioneiros	☒ Pobres	☒ Hospitalizados

☐ Outras ______________________

7. Tenho opiniões/sentimentos fortes sobre esses assuntos/causas:

- [ ] O meio-ambiente
- [ ] Cuidar de crianças
- [ ] Homossexualismo
- [ ] Discipulado
- [ ] AIDS
- [ ] Política
- [ ] Violência
- [ ] Injustiça
- [ ] Racismo
- [ ] Educação
- [ ] Vícios
- [ ] Internacionais
- [ ] Economia
- [ ] Alcançar os perdidos
- [ ] Tecnologia
- [x] Saúde
- [x] Pobreza
- [ ] Família
- [ ] Aborto
- [x] Fome
- [ ] Alfabetização
- [ ] Igreja
- [ ] Outros: ____

8. O próximo exercício ajudá-lo-á a descobrir, nas suas experiências, um tema comum que lhe dê maior entendimento sobre a sua Paixão.

Aliste, de cinco a sete, as experiências mais positivas da sua vida. Descreva brevemente o que aconteceu e como isto foi significativo para você.

Estas experiências podem ter ocorrido em casa, no trabalho, na escola ou no lazer. Pode ser um relógio que você consertou ou um vestido que costurou. Pode ter sido um quebra-cabeça que você montou ou um prêmio recebido. Ou uma ajuda prestada na mudança de um amigo, na construção de uma casa, numa campanha eleitoral ou para alguém necessitado. Lembre-se de que se tratam de experiências agradáveis que lhe proporcionaram um sentimento de realização.

INDICATIVO DE PAIXÃO

Cinco experiências positivas	Por que essa experiência foi significativa para mim?
a.	
b.	
c.	
d.	
e.	

Agora, leia o que escreveu, procurando uma temática comum. Se uma ou duas se destacarem, escreva-as nas linhas abaixo:

____

____

____

Resumo

9. Penso que a área onde eu poderia contribuir significativamente seria:

____

____

Se você precisar de mais auxílio para identificar sua Paixão Ministerial, procure padrões nas suas respostas. Por exemplo, você percebe algum assunto predominante? Uma faixa etária se destaca mais? Há um tipo de necessidade que mais se percebe? O mesmo papel está sendo desempenhado em várias situações? Você pode priorizar suas preocupações?

Conclusão

10. Baseado nas minhas respostas acima, sinto que tenho *paixão por:*

____

____

Formular uma declaração sobre a Paixão Ministerial não é uma tarefa fácil para todos. Lembre-se de que isto é apenas o início de um processo de identificação e esclarecimento da sua Paixão. Enquanto você pensa, ora e ganha mais experiência no ministério, sua Paixão ficará mais óbvia com o passar do tempo.

João

Tenho Paixão por [**crianças**]

- **pequenas**
- ***famílias de mãe/pai solteiro***
- **problemáticas**

Maria

Tenho Paixão por [***alcançar os perdidos***]

- **todos**
- **família e amigos**
- ***vizinhança***
- **colegas de trabalho**
- **crianças**

GRUPO PEQUENO: ESCLARECENDO SUA PAIXÃO

Você

Tenho paixão por [________ **(sua paixão)**] ________ ________ ________ ________

Instruções

1. Compartilhe com o grupo a sua Paixão.

2. Comente sobre a paixão de cada membro do grupo a fim de ajudá-lo a melhor compreender sua Paixão.

3. Preencha os espaços acima com palavras ou frases que melhor esclareçam sua Paixão.

Encerramento

1. Considere as idéias que surgiram dentro do seu grupo.

2. Circule a palavra ou frase que melhor descreve a sua Paixão, transferindo-a para o *Perfil de Servo*, na pág. 132

RESUMO

Paixão é dada por Deus

Não há Paixão certa ou errada

A paixão responde à pergunta "onde" servirei.

PARTE 3

Por que você não é igual a mim?

PASSAGEM-CHAVE DA ESCRITURA: 1 CORÍNTIOS 12

VISÃO GERAL

Nessa seção você irá:

1. Definir os Dons Espirituais e alistar suas três principais caraterísticas

2. Alistar os três aspectos do servir na igreja como um corpo

3. Descrever o passo a ser dado para nos tornarmos mais interdependentes

4. Identificar dois conceitos básicos relativo à diversidade.

CARACTERÍSTICAS

Os dons espirituais são dados por Deus.

Não há dons espirituais certos ou errados.

Os dons espirituais repondem à pergunta "O quê" devo fazer.

O QUE É UM DOM ESPIRITUAL?

DEFININDO OS DONS ESPIRITUAIS

Os Dons Espirituais são ____________________

- Os dons espirituais são capacitações divinas.
- São usados para propósitos espirituais.
- São dados por Deus para contribuirmos de forma singular no Corpo de Cristo (1 Co 12:7)

Os Dons Espirituais são distribuídos pelo __________

- Os Dons Espirituais são dádivas de Deus
- Os dons nos são concedidos para que exerçamos um ministério significativo (1 Co 12:11)

Para cada __________ segundo o __________

e a ____________________ de Deus.

- Cada crente tem pelo menos um dom espiritual.
- Cada crente é um ministro (1 Pe 4:10)

Visando ao ____________________ do Corpo de Cristo

- Deus nos concede dons espirituais para melhor servirmos uns aos outros.
- Uma grande prova do uso correto dos Dons Espirituais é o resultado que redunde na glória de Deus e na edificação de outros. (1 Co 12:7)

A SINGULARIDADE DOS CRENTES

Deus selecionou, cuidadosamente, para cada crente, pelo menos um dom espiritual e um lugar especial de serviço no Corpo de Cristo.

Nós não escolhemos o nosso *Perfil do* Servo, ele nos é dado segundo os desígnios de Deus.

> *A manifestação do Espírito é dada a cada um para o que for útil.* (1 Co 12:7)
>
> *Mas um só e o mesmo Espírito opera todas estas coisas, distribuindo particularmente a cada um como quer.* (1 Co 12:11)
>
> *Mas Deus colocou os membros no corpo, cada um deles como quis.* (1 Co 12:18)

A cada um de nós foi dada uma função ____________ a ser desempenhada.

A DIVERSIDADE DOS CRENTES

Cada um de nós tem um perfil singular.

Há grande diversidade no Corpo.

Deus mesmo planejou as nossas diferenças.

> *A um pelo Espírito é dada a palavra da sabedoria; a outro, pelo mesmo Espírito, a palavra da ciência; a outro, pelo mesmo Espírito, fé; a outro, pelo mesmo Espírito, dons de curar; a outro a operação de milagres; a outro, profecia; a outro, discernimento de espíritos; a outro, variedade de línguas; e a outro, interpretação de línguas.* (1 Co 12:8-10)

A INTERDEPENDÊNCIA DOS CRENTES

Interdependência dos crentes na Igreja

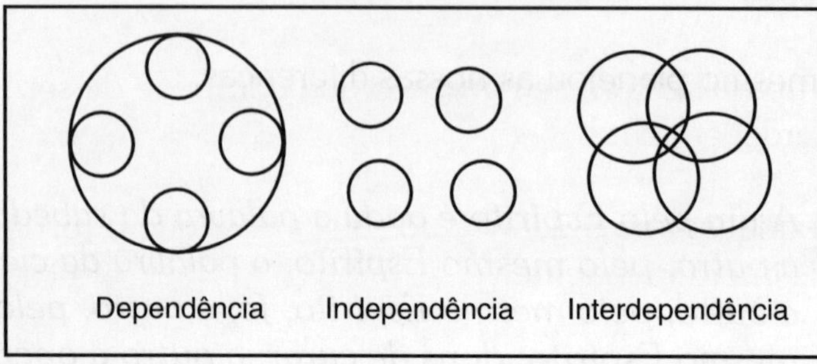

Dependência

Independência

Culturalmente igualamos maturidade com independência.

Interdependência

O plano de Deus é que O sirvamos como um corpo

> *... Assim nós, que somos muitos, somos um só corpo em Cristo, mas individualmente somos membros uns dos outros* (Ro 12:5)

> *Ora, vós sois o corpo de Cristo; e, individualmente, membros deste corpo* (1 Co 12:27)

GRUPO PEQUENO: INTERDEPENDÊNCIA

Instruções

1. Compartilhe com seu grupo o que o impede de ser mais interdependente.
2. Identifique uma mudança no seu caráter que o tornaria mais interdependente.
3. Escreva suas respostas nos espaços abaixo.

O que me impede de ser mais interdependente?

timidez

O que eu poderia mudar para me tornar mais interdependente?

vencer a timidez

DIVERSIDADE NÃO É DIVISÃO

Pois há muitos membros, mas um só corpo. O olho não pode dizer à mão: Não tenho necessidade de ti...(1 Co 12:20-21a)
...Para que não haja divisão no corpo, mas antes tenham os membros igual cuidado uns dos outros. De maneira que, se um membro padece, todos os membros padecem com ele; se um membro é honrado, todos os membros se regozijam com ele. (1 Co 12:25-26)

Somos diversos, mas somos chamados para servir sem divisão.

1 Coríntios 12:4-6

Há diversidade de dons, mas o Espírito é o mesmo.

E há diversidade de ministérios, mas o Senhor é o mesmo.

E há diversidade de operações, mas é o mesmo Deus que opera tudo em todos.

Diferente		**O Mesmo**
Dom	⟺	Espírito
Serviço	⟺	Senhor
Realizações	⟺	Deus

UNIDADE NÃO É CONFORMIDADE

Se todo o corpo fosse olho, onde estaria o ouvido? Se todo fosse ouvido, onde estaria o olfato? Mas agora Deus colocou os membros no corpo, cada um deles como quis. E se todos fossem um só membro, onde estaria o corpo? Agora pois há muitos membros, mas um só corpo.
(1 Co12:17-20)

Porventura são todos apóstolos? São todos profetas? São todos doutores? São todos operadores de milagres? Têm todos o dom de curar? Falam todos diversas línguas? Interpretam todos?
(1 Co 12:29-30)

- Deus não nos designou para sermos todos iguais
- A unidade não é alcançada por se ser parecido
- Unidade se alcança quando temos o mesmo propósito:
- Glorificar a Deus e edificar aos outros.

RESUMO

Definição

Os Dons Espirituais são capacitações especiais distribuídas a cada crente pelo Espírito Santo segundo o desígnio e graça de Deus, visando ao bem comum do Corpo de Cristo.

Características

- Os dons espirituais são dados por Deus.
- Não há dons certos ou errados.
- Os dons respondem à pergunta "o que".

Deus designou cada parte do corpo para ter um relacionamento interdependente com as demais partes do corpo.

PARTE 4

O QUE DEVO FAZER?

PASSAGEM-CHAVE DA ESCRITURA: ROMANOS 12:6-8

VISÃO GERAL

Nesta seção você irá:

1. Alistar os Dons Espirituais a partir dos textos dados.

2. Combinar cada dom espiritual à sua caraterística correspondente.

3. Identificar os dons espirituais em ação.

4. Identificar como os dons são confirmados pelo Corpo de Cristo.

EXERCÍCIO DE GRUPO: OS DONS ESPIRITUAIS MENCIONADOS NAS ESCRITURAS

INSTRUÇÕES:

1. Ao ler cada passagem, e o dom for sendo identificado, escreva-o no espaço ao lado.

2. Alguns dos dons aparecem mais de uma vez, anote apenas a sua primeira ocorrência.

Passagem Bíblica	Dom Mencionado
1 CORÍNTIOS 12:8-10 *A um peloEspírito é dada a palavra da sabedoria; a outro, pelo mesmo espírito, a palavra da ciência; a outro, pelo mesmo Espírito, fé; a outro, pelo mesmo Espírito, dons de curar; a outro a operação de milagres; a outro, profecia; a outro, variedade de línguas; a outro, interpretação de línguas.*	1. sabedoria 2. ciência 3. fé 4. cura 5. milagres 6. profecia 7. línguas 8. dicernimento de espíritos 9. interpretação de línguas
1 CORÍNTIOS 12:28 *A uns pôs Deus na igreja, primeiramente apóstolos, em segundo lugar profetas, em terceiro lugar mestres, depois operadores de milagres, depois dons de curar, socorros, governos,variedade de línguas.*	10. apostolado 11. mestres 12. Socorro 13. administração

EXERCÍCIO DE GRUPO: OS DONS ESPIRITUAIS MENCIONADOS NAS ESCRITURAS

ROMANOS 12:6-8 *Temos diferentes dons, segundo a graça que nos é dada. Se é profecia, seja ela segundo a medida da fé. Se é ministério, seja em ministrar; se é ensinar haja dedicação ao ensino; ou o que exorta, use este dom em exortar; o que reparte, faça-o com liberalidade; o que preside, com cuidado; o que exerce misericórdia, com alegria.*	14. exortação 15. contribuição 16. liderança 17. misericórdia
EFÉSIOS 4:11 *E Ele mesmo deu uns para apóstolos, e outros para profetas, e outros para evangelistas, e outros para pastores e doutores.*	18. evangelismo 19. pastores

OBS: As listas dos Dons Espirituais citadas na Bíblia não são idênticas; elas variam em seqüência e conteúdo. As listas utilizadas na Rede Ministerial são respresentativas e não exaustivas.

1 PEDRO 4:9-10 *Sede hospitaleiros uns para com os outros, sem murmuração. Servi uns aos outros conforme o dom que cada um recebeu, como bons despenseiros da multiforme graça de Deus.*	20. hospitalidade

EXERCÍCIO DE GRUPO: OS DONS ESPIRITUAIS MENCIONADOS NAS ESCRITURAS

ÊXODO 31:3 *e o enchi do Espírito de Deus, de habilidade, de inteligência, e de conhecimento, em todo artifício.*	21. Artesanato
1 TIMÓTEO 2:1-2 *Exorto, pois, antes de tudo, que se façam súplicas, orações, intercessões e ações de graças por todos os homens, pelos reis, e por todos os que exercem autoridade, para que tenhamos uma vida tranqüila e sossegada, com toda a piedade e honestidade.*	22. intercessão
SALMO 150:3-5 *Louvai-o com o som da trombeta, louvai-o com saltério e harpa, louvai-o com adufes e danças, louvai-o com instrumentos de cordas e flauta, louvai-o com címbalos sonoros, louvai-o com címbalos altissonantes.*	23. comunicação criativa

OBS: Algumas igrejas alistariam outros possíveis dons, não tratados em nossa Rede Ministerial. Entre eles poderão incluir: celibato, aconselhamento, exorcismo, mártir e pobreza voluntária.

GRUPO PEQUENO: LIGAR OS DONS ESPIRITUAIS

INSTRUÇÕES:

1. Leia em voz alta cada característica.

2. Combine cada característica com o Dom Espiritual correspondente.

3. Escreva a letra do início de cada característica no espaço abaixo do item "**Combina com**", que está na coluna dos Dons Espirituais.

4. A característica para cada Dom Espiritual encontra-se no mesmo grupo do dom.

GRUPO PEQUENO: LIGAR OS DONS ESPIRITUAIS

GRUPO 1

Característica	Contribui para	Dom Espiritual
A. É a capacitação divina para começar e supervisionar o desenvolvimento de novas igrejas ou ministérios. As pessoas com esse dom: iniciam e estabelecem novos ministérios ou igrejas; adaptam-se às condições do ambiente por serem culturalmente sensíveis e abertas; desejam ministrar às pessoas não alcançadas em outras comunidades ou outros países; têm responsabilidades de supervisão sobre ministérios ou grupos de igrejas; demons-tram autoridade e visão quanto à missão da igreja.		1. Administração **Combina com:** ________
B. É a capacitação divina para entender o que faz uma organização funcionar, e uma habilidade especial para planejar e executar os procedimentos que realizam os alvos do ministério. As pessoas com esse dom: desenvolvem estratégias ou planos para realizar alvos identificados; auxiliam os ministérios a se tornarem mais eficazes e eficientes; colocam ordem no caos organizacional; gerenciam ou coordenam as várias responsabilidades para o cumprimento de uma tarefa; organizam pessoas, tarefas ou eventos.		2. Apostolado **Combina com:** ________
C. É a capacitação divina para distinguir entre a verdade e o erro, discernir os espíritos, diferenciar entre o bem e o mal, certo e errado. As pessoas com esse dom: distinguem a verdade do erro, o bem do mal, motivos puros dos impuros; identificam atitudes enganosas em outras pessoas com precisão e de forma apropriada; determinam se uma mensagem atribuída a Deus é autêntica; reconhecem incoerências no ensino, mensagem profética ou interpretação; podem sentir a presença do mal.		3. Artesanato **Combina com:** ________

GRUPO PEQUENO: LIGAR OS DONS ESPIRITUAIS

GRUPO 1

Característica	Contribui para	Dom Espiritual
D. É a capacitação divina para elaborar criativamente e/ou construir itens a serem usados no ministério. As pessoas com esse dom trabalham com madeira, tecido, tintas, metal, vidro e outras matérias primas; fazem coisas que aumentam a eficácia dos ministérios dos outros; gostam de servir com as mãos e suprir necessidades tangíveis; elaboram e constroem itens tangíveis e recursos para uso no ministério; trabalham com vários tipos de ferramentas e são hábeis com as mãos.	Expressões Artísticas	4. Comunicação Criativa **Combina com:** F
E. É a capacitação divina para apresentar a verdade, de modo a fortalecer, consolar ou estimular, à ação, aqueles que estão desmotivados ou titubeantes na fé. As pessoas com esse dom: chegam ao lado daqueles que estão desanimados para fortalecê-los e firmá-los; desafiam, consolam ou confrontam os outros, a fim de que confiem e esperem nas promessas de Deus; estimulam outros à ação por aplicar a verdade bíblica; motivam outros a crescer; enfatizam as promessas de Deus e confiança na Sua vontade.	Clareza	5. Discernimento **Combina com:** E
F. É a capacitação divina para expressar a verdade de Deus através de várias formas de arte. As pessoas com esse dom: Usam as artes para comunicar a verdade de Deus; desenvolvem e usam habilidades artísticas como drama, literatura, arte, música, dança, etc.; usam variedade e criatividade para cativar pessoas e fazem com que elas considerem a mensagem de Cristo; desafiam através das formas de arte a perspectiva que as pessoas têm de Deus; desenvolvem novas formas de expressar o ministério e a mensagem do Senhor.	afirmação	6. Encorajar **Combina com:** E

GRUPO PEQUENO: LIGAR OS DONS ESPIRITUAIS

GRUPO 2

Característica	Contribui para	Dom Espiritual
G. É a capacitação divina para realizar tarefas práticas e necessárias que libertam, apoiam e suprem as necessidades de outros. As pessoas com este dom servem "por detrás"da cena quando é necessário apoiar os dons e ministérios dos outros; vêem coisas práticas e concretas a ser feitas, e têm alegria em fazê-las; sentem o propósito de Deus e têm prazer em cumprir responsabilidades cotidianas; dão valor espiritual ao serviço prático; alegram-se em saber que o seu serviço libera outros a fazer o que Deus os chamou para fazer.		7. Evangelismo **Combina com:** __________
H. É a capacitação divina para cuidar de pessoas, providenciando comunhão, comida e abrigo. Pessoas com esse dom: propiciam um ambiente onde as pessoas se sentem valorizadas e cuidadas; conhecem pessoas novas e as ajudam a se sentir benvindas; criam um ambiente seguro e confortável onde relacionamentos podem ser desenvolvidos; buscam meios de unir pessoas em relacionamentos significativos; deixam as pessoas à vontade em ambientes desconhecidos.		8. Fé **Combina com:** __________
I. É a capacitação divina para agir à luz das promessas de Deus com confiança e fé, não duvidando da capacidade de Deus para cumpri-las. As pessoas com esse dom: crêem nas promessas de Deus e estimulam outros a fazer o mesmo; agem com total confiança na capacidade de Deus em vencer obstáculos; demonstram uma atitude de confiança na vontade e nas promessas de Deus; levam adiante o reino de Cristo, porque elas avançam quando outros param; pedem a Deus aquilo que é necessário e confiam na Sua provisão.		9. Contribuição **Combina com:** __________

GRUPO 2

Característica	Contribui para	Dom Espiritual
J. É a capacitação divina em contribuir com dinheiro e recursos para a obra do Senhor com a alegria da liberalidade. Pessoas com esse dom não se perguntam: "Quanto devo dar ao Senhor", e sim "De quanto preciso para me sustentar?" As pessoas com esse dom: administram suas finaças e limitam seu modo de viver para poderem contribuir com o máximo possível dos seus recursos; apoiam o ministério com contribuições sacrificiais para o avanço do Reino; suprem necessidades concretas para que haja crescimento espiritual; providenciam recursos, com alegria e de modo generoso, confiando na provisão de Deus; talvez tenham uma capacidade especial para ganhar dinheiro, para que possam usá-lo no avanço da obra de Deus.	Alívio	10. Cura **Combina com:** M
L. É a capacitação divina para comunicar o evangelho aos descrentes de modo eficaz, para que eles respondam com fé e busquem ao discipulado. As pessoas com esse dom: comunicam a mensagem de Cristo com clareza e convicção; buscam oportunidades para conversar com descrentes sobre assuntos espirituais; desafiam descrentes a darem um passo de fé e a se tornarem verdadeiros e frutíferos discípulos de Cristo; adaptam a apresentação do evangelho para atingir as necessidades do indivíduo; buscam oportunidades para construir relacionamentos (íntegros) com os descrentes.	Apoio	11. Auxílio (Serviço) **Combina com:** G
M. É a capacitação divina para ser um instrumento de Deus na restauração das pessoas. Pessoas com esse dom: demonstram o poder de Deus; trazem restauração aos doentes e enfermos; autenticam a mensagem de Deus pela cura; usam a cura como oportunidade para comunicar verdades bíblicas e glorificar a Deus; oram, tocam ou falam palavras que milagrosamente trazem cura para o corpo de alguém.	"Aceitação"	12. Hospitalidade **Combina com:** H

GRUPO PEQUENO: LIGAR OS DONS ESPIRITUAIS

GRUPO 3

Característica	Contribui para	Dom Espiritual
N. É a capacitação divina para autenticar o ministério e a mensagem de Deus através de intervenções sobrenaturais que O glorifiquem. As pessoas com esse dom: falam a verdade de Deus autenticada por um milagre; expressam confiança na fidelidade de Deus e em Sua capacidade de manifestar sua presença; trazem o ministério e mensagem de Jesus Cristo com poder; reconhecem Deus como fonte do milagre e O glorificam; representam a Cristo, e através do dom encaminham as pessoas a um relacionamento com Cristo.	Proteção	13. Intercessão **Combina com:** O
O. É a capacitação divina para orar regularmente por outros, vendo resultados freqüentes e específicos. As pessoas com esse dom: sentem-se constrangidas a orar com seriedade por alguém ou por uma causa; têm consciência das batalhas espirituais que estão sendo travadas diariamente e oram; são convencidas de que Deus age em resposta às orações; oram quando tocadas pelo Espírito, mesmo que não entendam; agem com autoridade e poder na proteção de outros e pela capacitação para servir.	Entendimento	14. Interpretação **Combina com:** S
P. É a capacitação divina de lançar uma visão, motivar e direcionar um povo para a realização harmoniosa dos propósitos de Deus. As pessoas com esse dom: providenciam direção para o povo de Deus e para o ministério; motivam outros a usar o melhor de suas habilidades; apresentam a visão maior (geral) para que os outros entendam; dão exemplo prático dos valores do ministério; assumem responsabilidade e estabelecem alvos.	Consciência	15. Conhecimento **Combina com:** Q

GRUPO PEQUENO: LIGAR OS DONS ESPIRITUAIS

GRUPO 3		
Característica	**Contribui para**	**Dom Espiritual**
Q. É a capacitação divina para trazer a verdade ao corpo pelo discernimento ou entendimento bíblico. As pessoas com esse dom: recebem verdade que as capacita a servir melhor ao corpo; estudam as Escrituras para obter discernimento, entendimento e verdade; adquirem conhecimento que não é obtido por meios naturais; têm sabedoria ou entendimento que servem à igreja; organizam informações para ensino e uso prático.	Direção	16. Liderança **Combina com:** P
R. É a capacitação divina para ajudar, com alegria e de forma prática, aqueles que sofrem ou têm necessidades; é a compaixão em ação. As pessoas com esse dom: concentram-se no alívio das fontes de dor ou sofrimento das pessoas; encaram as necessiadades dos desamparados e solitários; expressam amor, graça e dignidade àqueles que enfrentam dificuldades e crises; servem em circunstâncias difíceis e desagradáveis com alegria; preocupam-se com asssuntos sociais ou individuais que oprimem o povo.	Ajuda	17. Misericórdia **Combina com:** R
S. É a capacitação divina para transmitir ao corpo de Cristo a mensagem de alguém que fala em línguas. As pessoas com esse dom: respondem a uma mensagem dada em línguas, interpretando-a; glorificam a Deus e demonstram o Seu poder através dessa manifestação milagrosa; edificam o corpo de Cristo, interpretando uma mensagem apropriada de Deus; entendem um idioma desconhecido e comunicam aquela mensagem ao corpo de Cristo; são, às vezes, proféticos quando interpretam línguas para a igreja.	Poder de Deus	18. Milagres **Combina com:** N

GRUPO PEQUENO: LIGAR OS DONS ESPIRITUAIS

GRUPO 4

Característica	Contribui para	Dom Espiritual
T. É a capacitação divina para entender, explicar claramente e aplicar a Palavra de Deus, resultando em vidas que se tornem mais semelhantes a Cristo. As pessoas com esse dom: comunicam verdades bíblicas que estimulam maior obediência à Palavra de Deus; desafiam os ouvintes com as verdades das Escrituras de forma simples e prática; apresentam todo o conselho de Deus para efetuar o máximo de mudanças nas vidas; dão atenção aos detalhes e à precisão; preparam-se através de um extenso tempo de estudo e reflexão.		19. Profecia **Combina com:** ________
U. É a capacitação divina para nutrir, cuidar e guiar pessoas à maturidade espiritual e ser como Cristo. Pessoas com esse dom: assumem a responsabilidade de nutrir a pessoa como um todo na sua caminhada com Deus; providenciam direção e supervisão a um segmento do povo de Deus; são exemplos em suas vidas daquilo que significa ser um verdadeiro e frutífero discípulo de Cristo; estabelecem confiança através de relacionamentos duradouros; lideram e protegem aqueles sob o seu cuidado.		20. Pastor **Combina com:** ________
V. É a capacitação divina para falar, adorar e orar em um idioma desconhecido. Pessoas com esse dom podem receber uma mensagem espontânea de Deus, que é transmitida à igreja pelo dom de interpretação. As pessoas com esse dom: expressam com interpretação e pelo Espírito uma palavra que edifica o corpo; comunicam uma mensagem dada por Deus à igreja; falam num idioma que nunca aprenderam, adoram ao Senhor com palavras profundas, além da compreensão humana; experimentam uma intimidade com Deus que as estimula a servir e a edificar outros.		21. Ensino **Combina com:**

GRUPO PEQUENO: LIGAR OS DONS ESPIRITUAIS

GRUPO 4		
Característica	**Contribui para**	**Dom Espiritual**
X. É a capacitação divina para aplicar verdades espirituais que de maneira eficaz suprem necessidades em situações específicas. As pessoas com esse dom: focalizam nas conseqüências não previstas para determinar os próximos passos a serem dados; recebem entendimento daquilo que é necessário para suprir as necessidades do corpo; providenciam soluções dadas por Deus no meio do conflito e da confusão; ouvem a provisão do Espírito dando direção para se atingir o melhor que Deus tem para uma determinada situação; aplicam verdades espirituais de modo prático e específico.	MENSAGENS	22. Línguas **Combina com:** V
Z. É a capacitação divina para revelar (discernir) a verdade de Deus e procamá-la de forma apropriada e relevante para entendimento, correção, arrependimento ou edificação. Pode haver implicações imediatas ou futuras. As pessoas com esse dom: expõe pecado ou engano em outros para que haja reconciliação; falam uma palavra apropriada de Deus que causa convicção, arrependimento e edificação; percebem verdades que outros falham em perceber, desafiando-os a responder em obediência; alertam para o julgamento imediato ou futuro se não houver arrependimento; entendem o coração e a mente de Deus através das experiências vividas com Ele.	ENTENDIMENTO	23. Sabedoria **Combina com:** X

VINHETA DE VÍDEO: OS DONS ESPIRITUAIS EM AÇÃO

INSTRUÇÕES

1. Enquanto assiste ao vídeo, tente identificar quais os dons espirituais de cada personagem.

2. Escreva no espaço abaixo cada Dom Espiritual identificado por você em cada passagem:

Carlos: LIDERANÇA

Ana: HOSPITALIDADE

Pedro: DISCERNIMENTO

Monik: CONTRIBUIÇÃO

Daniel: AUXÍLIO

A prova verdadeira e final do seu Dom Espiritual vem através da confirmação do

CORPO DE CRISTO

LEVANTAMENTO DOS DONS ESPIRITUAIS

Instruções

1. Nas páginas seguintes, responda a cada afirmação do *Levantamento dos Dons Espirituais* utilizando a escala abaixo:

3 = Constantemente, definitivamente certo.
2 = A maioria das vezes, normalmente certo.
1 = algumas vezes, de vez em quando.
0 = Nunca, jamais.

2. Utilizando a tabela abaixo, escreva o número da sua resposta no quadradinho que corresponde ao número da afirmação no *Levantamento dos dons Espirituais*.

3. IMPORTANTE: Responda de acordo com o que você realmente é, não como quem você acha que deveria ser, ou gostaria de ser. Estas afirmações expressam a verdade sobre você? Qual tem sido a sua experiência? Até que ponto estas afirmações refletem suas tendências naturais?

1	2	3	4	5	6	7	8	9	10	11	12	13	14	15	16	17	18	19
0	0	1	1	3	3	1	2	3	3	3	3	1	1	3	1	1	0	2
20	21	22	23	24	25	26	27	28	29	30	31	32	33	34	35	36	37	38
3	0	1	0	3	2	2	1	1	2	2	2	1	1	2	3	2	1	1
39	40	41	42	43	44	45	46	47	48	49	50	51	52	53	54	55	56	57
1	1	2	1	3	2	1	1	1	0	3	3	0	0	2	3	3	3	2
58	59	60	61	62	63	64	65	66	67	68	69	70	71	72	73	74	75	76
1	0	1	1	3	1	1	3	0	1	2	2	3	1	3	2	2	1	3
77	78	79	80	81	82	83	84	85	86	87	88	89	90	91	92	93	94	95
1	1	1	0	3	2	2	3	3	3	1	3	3	1	2	3	1	1	3
96	97	98	99	100	101	102	103	104	105	106	107	108	109	110	111	112	113	114
2	0	1	1	1	1	1	2	2	3	3	3	2	3	3	1	0	1	1
115	116	117	118	119	120	121	122	123	124	125	126	127	128	129	130	131	132	133
0	0	1	2	1	1	1	0	1	3	1	3	3	3	3	3	1	3	3
8	2	8	6	17	12	9	12	11	15	15	19	13	10	18	16	10	10	15
A	B	C	D	E	F	G	H	I	J	L	M	N	O	P	Q	R	S	T

LEVANTAMENTO DOS DONS ESPIRITUAIS

Escreva abaixo as letras das colunas com os três maiores totais		Dom Espiritual
19 M	:	Intercessão
18 P	:	Misericórdia
17 E	:	Discernimento

Legenda do Levantamento dos Dons Espirituais

A = Administração
B = Apostolado
C = Artesanato
D = Comunicação Criativa
E = Discernimento
F = Encorajamento
G = Evangelismo
H = Fé
I = Contribuição
J = Auxílio (Socorro)
L = Hospitalidade
M = Intercessão
N = Conhecimento
O = Liderança
P = Misericórdia
Q = Profecia
R = Pastor
S = Ensino
T = Sabedoria

Cura, Interpretação, Milagres e Línguas não foram incluídos no Levantamento dos Dons Espirituais ou no Levantamento por Observação, uma vez que a manifestação dos mesmos é evidente e óbvia na vida do crente.

LEVANTAMENTO DOS DONS ESPIRITUAIS

1. Gosto de organizar pessoas, tarefas e eventos
2. Gostaria de iniciar igrejas em lugares onde elas não existam.
3. Gosto de trabalhar criativamente com madeira, tecido, tinta, metal, vidro ou outros materiais.
4. Gosto de desafiar a perspectiva que as pessoas têm de Deus através de variadas formas de arte.
5. Posso distinguir com facilidade entre verdade e erro espiritual, entre o bem e o mal.
6. Normalmente, vejo o potencial das pessoas.
7. Comunico o evangelho com clareza e de modo eficaz.
8. Acho natural e fácil confiar em Deus para responder às minhas orações.
9. Contribuo, liberalmente e com alegria, para pessoas com necessidades financeiras ou para projetos que requerem verba.
10. Gosto de trabalhar na retaguarda apoiando o trabalho dos outros.
11. Encaro meu lar como lugar de ministração às pessoas necessitadas.
12. Recebo pedidos de oração de outras pessoas e oro por elas regularmente.
13. As pessoas pedem a minha opinião sobre uma passagem ou verdade bíblica.
14. Consigo motivar pessoas a atingirem um alvo.
15. Identifico-me com as pessoas que estão sofrendo, e desejo ajudá-las no processo de restauração.
16. Posso falar de forma a criar convicção e mudança nas vidas dos outros.
17. Gosto de gastar tempo nutrindo e cuidando das pessoas.
18. Consigo comunicar a Palavra de Deus de modo eficaz.
19. Freqüentemente, as pessoas me procuram para conselho sobre assuntos espirituais ou pessoais.
20. Sou cuidadoso, completo e habilitado em administrar detalhes.
21. A idéia de servir em outro país ou comunidade é muito interessante para mim.
22. Tenho habilidade em trabalhar com vários tipos de ferramenta.
23. Gosto de desenvolver e utilizar minhas habilidades artísticas (arte, drama, música, fotografia, etc.)
24. Freqüentemente, posso discernir o caráter de uma pessoa baseado apenas nas primeiras impressões.
25. Gosto de encorajar e fortalecer aqueles que estão abatidos.
26. Procuro, regularmente, oportunidades de construir relacionamentos íntegros com descrentes.
27. Tenho confiança na provisão e ajuda contínua de Deus, mesmo em tempos difíceis.
28. Contribuo com mais que o dízimo para que o trabalho do reino de Deus seja realizado.

29. Gosto de fazer coisas rotineiras que apoiem o ministério.
30. Gosto de conhecer pessoas novas e de ajudá-las a se sentirem bem-vindas.
31. Gosto de passar períodos longos em oração e recebo direção quanto aos assuntos que Deus quer que leve a Ele.
32. Recebo informações do Espírito que não adquiri por meios naturais.
33. Posso influenciar pessoas a alcançarem uma visão.
34. Consigo apoiar pacientemente aqueles que atravessam experiências dolorosas, enquanto eles tentam normalizar suas vidas.
35. Sinto-me responsável por confrontar as pessoas com a verdade.
36. Tenho compaixão pelos crentes que vacilam na fé, e tendo a protegê-los.
37. Posso passar tempo estudando, sabendo que a apresentação da verdade fará diferença na vida das pessoas.
38. Freqüentemente, encontro soluções simples e práticas no meio do conflito ou confusão.
39. Sei esclarecer os alvos e desenvolver estratégias para realizá-los.
40. Estou disposto a ter um papel ativo no começo de uma nova igreja.
41. Gosto de fazer (fabricar) coisas para serem usadas no ministério.
42. Ajudo pessoas através da expressão artística a entenderem melhor a si mesmas, seus relacionamentos e a pessoa de Deus.
43. Percebo falsidade ou engano antes que seja evidente para outras pessoas.
44. Estimulo a esperança nos outros, direcionando-os às promessas de Deus.
45. Tenho uma maneira de adaptar o evangelho para que seja relevante às necessidades da pessoa.
46. Creio que Deus me ajudará a realizar grandes coisas.
47. Administro bem minhas finanças para poder contribuir mais.
48. Voluntariamente, assumo tarefas "complicadas" na igreja para suprir as necessidades dos outros.
49. Acredito, verdadeiramente, que o Senhor me envia pessoas desconhecidas para que eu as apresente a outras pessoas. (Ou seja, sou um elo entre as pessoas que necessitam umas das outras.)
50. Sou consciente da ministração aos outros, enquanto oro.
51. Sou comprometido e disponho de tempo para leitura e estudo das Escrituras, a fim de entender, mais completamente e com precisão, as verdades bíblicas.
52. Sei ajustar meu estilo de liderança para que outros façam o melhor de si.
53. Gosto de ajudar as pessoas que são consideradas inúteis ou sem esperança. (casos perdidos)
54. Exponho, com ousadia, as tendências culturais, os ensinos ou eventos que contradizem os princípios bíblicos.

55. Gosto de ajudar a pessoa como um todo, social, emocional, espiritualmente, etc.
56. Presto muita atenção às palavras, frases e os significados das pessoas que ensinam.
57. Tenho facilidade de selecionar o modo de agir mais eficaz dentre várias alternativas.
58. Posso identificar e usar os recursos necessários para realizar uma tarefa de forma eficiente.
59. Tenho facilidade em adaptar-me aos ambientes e culturas diferentes.
60. Posso visualizar como uma coisa deverá ser construída antes de fazê-la.
61. Gosto de encontrar maneiras novas e interessantes para comunicar a verdade de Deus.
62. Percebo as coisas certas e erradas nas situações.
63. Tento encorajar as pessoas que precisam dar passos corajosos na sua fé, família ou vida.
64. Convido descrentes a aceitar Cristo como Salvador.
65. Confio em Deus, nas circunstâncias onde o sucesso não pode ser garantido somente pelo esforço humano.
66. Quero limitar meu estilo de vida para que possa contribuir com um percentual maior da minha renda.
67. Vejo um significado espiritual em fazer coisas práticas.
68. Gosto de criar um ambiente onde as pessoas não se sintam sozinhas.
69. Oro com confiança sabendo que Deus age em resposta à oração.
70. Tenho discernimento ou simplesmente sei que certas coisas são verdadeiras.
71. Sei estabelecer alvos e organizar pessoas e recursos para alcançá-los de forma eficiente.
72. Tenho grande compaixão pelas pessoas que sofrem.
73. Vejo a maioria das ações como certas ou erradas, e sinto-me na obrigação de corrigir as erradas.
74. Posso providenciar às pessoas apoio e atenção a longo prazo.
75. Gosto de estudar a Bíblia sistematicamente.
76. Posso antecipar prováveis conseqüências da ação de um indivíduo ou de um grupo.
77. Gosto de ajudar organizações ou grupos a se tornarem mais eficientes.
78. Sei relacionar-me com outras pessoas respeitando as diferenças culturais.
79. Honro a Deus com minhas habilidades artesanais.
80. Utilizo várias expressões artísticas para comunicar a verdade de Deus.
81. Recebo afirmação de outras pessoas quanto à confiança em meu discernimento ou percepção.

82. Fortaleço aqueles que estão vacilando na fé.
83. Falo abertamente que sou crente e gosto que as pessoas perguntem acerca de minha fé.
84. Tenho plena certeza da presença e ação de Deus em minha vida diariamente.
85. Fico contente em saber que minha contribuição financeira é significativa na vida e no ministério do povo de Deus.
86. Gosto de achar tarefas pequenas para realizá-las, e freqüentemente as faço sem ninguém pedir.
87. Gosto de receber pessoas em minha casa.
88. Quando sei de uma necessidade, sinto-me constrangido a orar.
89. Às vezes sei coisas sobre outras pessoas, sem saber exatamente como obtive tal informação.
90. Estimulo outras pessoas a fazerem o melhor de si.
91. Posso enxergar além das deficiências e problemas de uma pessoa, e ver uma vida com a qual Deus se importa.
92. Gosto de pessoas honestas e que falam a verdade.
93. Gosto de dar direção e apoio prático a um grupo pequeno.
94. Sei comunicar as Escrituras, de forma que os ouvintes estejam motivados a estudar e aprender mais.
95. Dou conselho prático capaz de ajudar as pessoas que se encontram em situações difíceis.
96. Gosto de aprender como as organizações funcionam.
97. Gosto de iniciar novos empreendimentos.
98. Tenho jeito para trabalhar com as mãos e gosto de fazer isso.
99. Sou criativo e tenho imaginação.
100. Sei identificar pregações, ensino ou comunicação que não batem com a verdade bíblica.
101. Gosto de motivar as pessoas a darem passos de crescimento espiritual.
102. Digo aberta e claramente o que Cristo fez por mim.
103. Normalmente, desafio as pessoas a confiarem em Deus.
104. Contribuo liberalmente devido ao meu compromisso como mordomo de Cristo.
105. Sinto-me bem auxiliando as pessoas a fazerem suas tarefas de forma eficiente.
106. Faço o que for possível para que as pessoas se sintam parte do grupo.
107. Sinto-me honrado quando alguém me pede oração.
108. Enquanto leio ou estudo a Bíblia, descubro verdades bíblicas importantes que beneficiam outros no corpo de Cristo.
109. Sei expor uma visão de modo que as pessoas queiram fazer parte no empreendimento.
110. Gosto de trazer esperança e alegria às pessoas que se encontram em situações difíceis.

111. Proclamo a verdade de Deus, mesmo em lugares onde ela não é popular ou aceita.
112. Consigo ajudar os desviados a voltarem a Cristo.
113. Sei passar às pessoas informações e habilidades num nível que seja fácil de compreender e aplicar.
114. Posso aplicar verdades bíblicas de modo que outros achem prático e eficaz.
115. Consigo imaginar um evento a ser realizado, antecipando os problemas e desenvolvendo formas de resolvê-los.
116. Posso administrar e supervisionar vários ministérios da igreja.
117. Posso planejar e construir coisas que ajudam a igreja.
118. Regularmente, preciso estar a sós para refletir e desenvolver minha imaginação.
119. Posso perceber quando poderes demoníacos estão agindo em uma situação ou pessoa.
120. Posso desafiar ou repreender as pessoas para estimular o crescimento espiritual.
121. Procuro oportunidades para conversar com descrentes sobre coisas espirituais.
122. Posso ir em frente, apesar da oposição ou falta de apoio, quando percebo a bênção de Deus sobre um empreendimento.
123. Acredito que o Senhor tem me dado recursos em abundância para que eu possa contribuir mais para a obra do Senhor.
124. Estou disposto a utilizar meus talentos (naturais ou adquiridos) para ajudar conforme for necessário, fazendo-o com muita alegria.
125. Consigo fazer as pessoas se sentirem à vontade em ambientes desconhecidos.
126. Freqüentemente, vejo resultados específicos como respostas diretas das minhas orações.
127. Compartilho, confiantemente, meu conhecimento e minhas percepções com os outros.
128. Enxergo para onde devemos ir e sei planejar os passos para chegarmos lá.
129. Gosto de fazer algo prático por pessoas necessitadas.
130. Quando percebo uma situação de pecado, sinto-me compelido a denunciá-lo e desafiar as pessoas envolvidas ao arrependimento.
131. Gosto de nutrir as pessoas em processo de crescimento espiritual, com paciência, mas com firmeza.
132. Gosto de dar explicação às pessoas sobre coisas que possam fazê-las crescer espiritual e pessoalmente.
133. Penso em soluções de problemas que, normalmente, as pessoas não pensam.

LEVANTAMENTO DO OBSERVADOR

Freqüentemente, você não está consciente daquilo que outros notam ou apreciam em você ao desempenhar um ministério. Este formulário dará às pessoas, que o conhecem, uma oportunidade de confirmar as suas possíveis áreas de dons espirituais.

INSTRUÇÕES

1. Seu guia do Participante contém três formulários idênticos. Destaque e entregue-os a três pessoas que lhe conheçam bem, pedindo que elas preencham e devolvam cada um deles.

   De preferência, peça essa colaboração a pessoas que tiveram a oportunidade de observá-lo no contexto de um ministério, e que conheçam os dons espirituais. Se isto não for possível, então peça às pessoas que o conheçam bem que façam as observações possíveis de acordo com o conhecimento geral que têm de você.

2. Entregue o seu Levantamento do Observador a outras pessoas, que, depois de preenchê-lo, devolverão a você. Faça isto o mais rápido possível. Assim, não faltará tempo, e você estará preparado para nossa próxima etapa.

3. Quando você receber de volta o Levantamento do Observador, transcreva os resultados no Resumo do Levantamento do Observador, que está nas páginas 77 e 78 deste Manual.

LEVANTAMENTO DO OBSERVADOR

Eu gostaria da sua opinião!

Estou procurando entender melhor de que maneira Deus me vocacionou para eu servir na minha igreja. Parte deste processo requer o levantamento de opinião das pessoas que me conhecem relativamente bem. Seus comentários, acerca da forma como eu me relaciono com as outras pessoas, me serão muito úteis. Por favor, reserve alguns minutos para preencher cuidadosamente este formulário.

Comentários sobre:______________________________

Comentários feitos por:___________________________

Grau de relacionamento:__________________________

Por favor, leia com atenção cada uma das descrições abaixo. Marque cada resposta de acordo com a melhor descrição da pessoa, que você está avaliando.

S = Sim, boa descrição desta pessoa
P = Pouco descreve esta pessoa
N = Não, não descreve esta pessoa
? = Não tenho certeza, não sei, nunca observei isso

Na minha opinião, essa pessoa é forte em...

A. Desenvolver estratégias ou planos para alcançar alvos identificados; organizar pessoas, tarefas ou eventos; ajudar as organizações ou grupos a se tornarem mais eficientes; reorganizar um setor onde haja caos administrativo. **S P N ?**

B. Iniciar novos empreendimentos (como uma nova igreja ou ministério); servir em outro país ou comunidade; adaptar-se aos ambientes e culturas diferentes, ser sensível e consciente em termos das diferenças culturais. **S P N ?**

C. Trabalhar criativamente com madeira, tecido, metal, tinta, vidro, etc.; trabalhar com vários tipos de ferramentas; fazer objetos para uso prático; planejar ou construir coisas; trabalhar com suas mãos. **S P N ?**

D. Comunicar-se com criatividade e variedade; desenvolver e usar habilidades artísticas específicas (arte, drama, música, fotografia, etc.); encontrar maneiras novas e interessantes de passar idéias a outros. **S P N ?**

E. Distinguir entre a verdade e o erro, entre o bem e o mal; julgar com precisão e caráter; perceber falsidade ou engano; ajudar outros a verem o certo e o errado nas situações. **S P N ?**

F. Fortalecer e consolar pessoas que estão perplexas; encorajar ou desafiar pessoas; motivar outros a crescerem; apoiar os que precisam tomar decisões para agir. **S P N ?**

G. Procurar oportunidades para construir relacionamentos íntegros com descrentes; falar aberta e claramente sobre sua fé; conversar com descrentes sobre assuntos espirituais. **S P N ?**

H. Confiar em Deus quanto a respostas de oração, e estimular outros a fazerem o mesmo; confiar na presença contínua de Deus e na Sua capacidade de ajudar, mesmo em momentos difíceis; avançar, apesar da oposição. **S P N ?**

I. Ajudar liberalmente e com alegria a pessoas com problemas financeiros ou com projetos precisando de apoio; administrar bem o seu dinheiro para poder contribuir mais. **S P N ?**

J. Trabalhar por trás dos bastidores para apoiar o trabalho de outros; encontrar coisas pequenas por fazer e fazê-las, sem que ninguém peça; ajudar no que for necessário, mesmo nas coisas cotidianas. **S P N ?**

K. Conhecer pessoas novas e ajudá-las a se sentirem bem-vindas; hospedar pessoas; abrir seu lar às pessoas que necessitam de um ambiente seguro e consolador. **S P N ?**

L. Colocar-se sempre à disposição para orar; expressar confiança extraordinária na capacidade de Deus prover; dar evidência da sua confiança na proteção de Deus; passar muito tempo em oração. **S P N ?**

M. Estudar ou pesquisar cuidadosamente os assuntos que você deseja entender melhor; compartilhar as coisas que aprendeu quando alguém pedir; às vezes receber informação de coisas que não aprendeu por meios naturais. **S P N ?**

N. Assumir responsabilidade pela direção de grupos; motivar e guiar as pessoas para alcançar alvos importantes; administrar bem as pessoas e recursos; estimular outros a fazerem o melhor. **S P N ?**

O. Identificar-se com pessoas que sofrem; apoiar as pessoas com paciência e compaixão nas experiências dolorosas; ajudar aqueles que outros vêem como não merecedores ou sem esperança. **S P N ?**

P. Falar com convicção para provocar mudança na vida dos outros; denunciar tendências culturais, ensino ou eventos que sejam errôneos ou perigosos em termos morais; falar com ousadia, mesmo quando a mensagem não for popular. **S P N ?**

Q. Providenciar (a longo prazo) apoio e cuidado a um grupo de pessoas; providenciar direção para a pessoa como um todo; cuidar das pessoas, mesmo que precise chamar a atenção delas para o seu desenvolvimento como crente. **S P N ?**

R. Estudar, entender e comunicar verdades bíblicas; desenvolver material de ensino que seja apropriado e eficaz na apresentação; comunicar as verdades de forma que estimulem mudança nas pessoas. **S P N ?**

S. Enxergar soluções simples e práticas no meio de conflito e confusão; aconselhar aqueles que enfrentam situações complicadas na vida; ajudar pessoas a darem passos para a resolução de problemas reais. **S P N ?**

LEVANTAMENTO DO OBSERVADOR

SÓ MAIS ALGUMAS PERGUNTAS:

Suas respostas me fornecerão um retorno específico sobre suas observações. Deixe o espaço em branco se não souber responder.

1. Quais tipos de trabalho específico você acha que eu estou capacitado a desempenhar na igreja?
2. Se você está familiarizado com o conceito de dons espirituais, quais deles você tem observado em minha vida? O que você tem observado especificamente?
3. Há outros comentários que gostaria de fazer para me ajudar a encontrar um lugar onde possa servir na igreja?

Obrigado por usar parte do seu tempo para completar este formulário. Suas opiniões são valiosas neste processo.

Muitíssimo obrigado.

RESUMO DO LEVANTAMENTO DO OBSERVADOR

Use esta folha para compilar as respostas que recebeu no *Levantamento do Observador.*

Quando a pessoa assinalou **"S"** para um Dom Espiritual, coloque **"DUAS"** marcas no bloco apropriado do dom espiritual. Quando a pessoa assinalou **"P"**, coloque **"UMA"** marca no bloco apropriado. Deixe os blocos em branco se a pessoa marcou **"N"**ou **"?"**.

Quando completar todas as respostas do Levantamento do Observador, calcule o número total de marcas para cada dom e coloque-o na coluna "Total da Linha".

DOM ESPIRITUAL	OBSERVADOR 1	OBSERVADOR 2	OBSERVADOR 3	TOTAL DA COLUNA
A. Administração				
B. Apostolado				
C. Artesanato				
D. Comunicação Criativa				
E. Discernimento				
F. Encorajamento				
G. Evangelismo				
H. Fé				
I. Contribuição				
J. Auxílio				
L. Hospitalidade				
M. Intercessão				
N. Conhecimento				
O. Liderança				
P. Misericórdia				
Q. Profecia				

RESUMO DO LEVANTAMENTO DO OBSERVADOR

R. Pastor				
S. Ensino				
T. Sabedoria				
U. Cura*				
V. Interpretação*				
X. Milagres*				
Z. Línguas*				
Outros Dons				

* Embora estes dons não apareçam na lista de descrições, poderão surgir nas perguntas abertas. "Outros" dons incluirão: aconselhamento, celibato, mártir, serviço, etc.

Quando terminar de compilar o *Levantamento do Observador*, verifique quais foram os dons espirituais que as pessoas identificaram em você. Escreva-os nas linhas do quadro *Levantamento do Observador* que se encontra na página seguinte.

RESUMO DO LEVANTAMENTO DO OBSERVADOR

Use essa página para compilar os resultados do *Levantamento do Observador* e do *Levantamento dos Dons Espirituais*. Isto completará esta etapa na identificação dos seus dons.

LEVANTAMENTO DO OBSERVADOR (das págs. 77 e 78 deste manual)	**LEVANTAMENTO DOS DONS ESPIRITUAIS** (da pág. 57 deste manual)
Quais Dons Espirituais foram observados pelas pessoas que o conhecem bem?	Quais Dons Espirituais você observou no seu Levantamento dos Dons Espirituais?
______________________	______________________
______________________	______________________
______________________	______________________
______________________	______________________

Agora, junte os resultados do *Levantamento do Observador* e do *Levantamento dos Dons Espirituais* numa lista que descreva, do seu ponto de vista, os seus Dons Espirituais.

Meus Dons Espirituais

____

____

____

RESUMO DA PARTE 4

Os Dons Espirituais são mencionados na Escritura.

Os Dons Espirituais podem ser vistos em ação.

Os Dons Espirituais devem ser confirmados pelo Corpo de Cristo.

PARTE 5

COMO DEVO AGIR DE MODO A CAUSAR DIFERENÇA?

PASSAGEM-CHAVE DA ESCRITURA: EFÉSIOS 4:11-16

VISÃO GERAL

Nesta parte você irá:

1. Esclarecer ainda mais seus dons espirituais.
2. Listar três cuidados gerais ao exercer seus dons espirituais.
3. Relacionar a sua paixão ministerial ao seu dom principal.

O material descrito a seguir dará maiores informações sobre cada Dom Espiritual. Indivíduos com um certo Dom Espiritual, normalmente evidenciam certos traços peculiares, alguns dos quais estão listados. Talvez, as **Características** listadas o ajudem a melhor entender ou confirmar seu(s) dom(ns).

INSTRUÇÕES

1. Localize no *Levantamento dos Dons Espirituais* aqueles que se destacaram como seus principais dons.

2. Enquanto lê as informações sobre seu dom, assinale qualquer item que se aplica a você. Se você começar a sentir que os itens não estão muito de acordo com sua descrição, então selecione o segundo dom de sua lista e veja se melhor se enquadra a você.

O *Levantamento Referência dos Dons Espirituais* é feito para ajudá-lo a entender melhor o seu Dom Espiritual. Lembre-se de que a confirmação final vem do Corpo de Cristo.

ADMINISTRAÇÃO

Significado Literal: Pilotar ou conduzir um navio.

Descrição: O dom de administração é a capacitação divina para entender o que faz uma organização funcionar e para planejar e executar os procedimentos que realizem os alvos do ministério.

Destaques: As pessoas com esse dom:

- ❑ Desenvolvem estratégias ou planos para a realização de alvos identificados.
- ❑ Auxiliam os ministérios a se tornarem mais eficazes e eficientes.
- ❑ Colocam ordem no caos organizacional.
- ❑ Gerenciam ou coordenam várias responsabilidades para o cumprimento de uma tarefa.
- ❑ Organizam pessoas, tarefas ou eventos.

Características:

- ❑ Detalhista
- ❑ Objetivo
- ❑ Responsável
- ❑ Organizado
- ❑ Orienta-se por alvos
- ❑ Eficiente
- ❑ Consciente

Cuidados: As pessoas com esse dom:

- ❑ Precisam estar flexíveis para ajustarem seus planos e para não sufocarem a visão do líder
- ❑ Poderiam usar as pessoas para atingir um alvo sem se preocupar com o crescimento espiritual das mesmas
- ❑ Poderiam não ver os propósitos de Deus sendo alcançados no processo de atingir um alvo.

Versículos: 1 Co 12:28; At 6:1-7; Êx 18:13-26

APOSTOLADO

Significado Literal: Enviado com uma mensagem.

Descrição: O dom de apostolado é a capacitação dada por Deus para iniciar e supervisionar o desenvolvimento de novas igrejas ou ministérios.
OBS: A "posição" de apóstolo dada aos primeiros discípulos era única e, pela sua característica, não é mais existente, porém o "papel" desempenhado por aquele que é enviado continua evidente até hoje pelo dom do apostolado.

Destaques:
- ❑ Começam e estabelecem novos ministérios ou igrejas.
- ❑ Adaptam-se às diferentes circunstâncias por serem culturalmente sensíveis.
- ❑ Desejam ministrar às pessoas não alcançadas em outras comunidades ou países.
- ❑ Têm responsabilidade de supervisionar ministérios ou grupos de igrejas.
- ❑ Demonstram autoridade e visão pela missão da igreja.

Características:
- ❑ Aventureiro
- ❑ Empreendedor
- ❑ Perseverante
- ❑ Flexível
- ❑ Culturalmente sensível
- ❑ Aceita riscos
- ❑ Motivados pela causa

Cuidados: As pessoas com esse dom:

- ❑ Precisam estar conscientes de que o abuso da autoridade pode sufocar a ação do Espírito em outras pessoas.
- ❑ Precisam ser confirmadas e enviadas pela Igreja Local.
- ❑ Podem ser exigentes e pessimistas

Versículos: 1 Co 12:28-29; Ef 4:11-12; Rm 1:5; At 13:2-3

ARTESANATO

Significado Literal: Artesanar, elaborar, edificar (construir)

Descrição: O dom de artesanato é a capacitação divina para elaborar criativamente e/ou construir itens a serem usados no ministério.

Destaques: As pessoas com esse dom:

- ❑ Trabalham com madeira, tecido, tintas, metal, vidro e outra matéria prima.
- ❑ Fazem coisas que aumentam a eficácia dos ministérios dos outros.
- ❑ Gostam de servir com as mãos e suprir necessidades tangíveis.
- ❑ Elaboram e constroem itens tangíveis e recursos para uso no ministério.
- ❑ Trabalham com vários tipos de ferramentas e são hábeis com as mãos.

Características:

- ❑ Criativo
- ❑ Sabe projetar
- ❑ Polivalente
- ❑ Dotado
- ❑ Prático
- ❑ Não aparece
- ❑ Ajudador

Cuidados: As pessoas com esse dom:

- ❑ Poderiam não entender que seu dom é significante e que é uma contribuição espiritual ao corpo.
- ❑ Poderiam usar outras pessoas para realizar o trabalho sem ajudá-las a se desenvolverem no processo.
- ❑ Deveriam lembrar que as coisas que fazem são meios para se alcançar um alvo e não fins em si mesmas.

Versículos: Êx 31:3; 35:31-35; At 9:36-39; 2Rs 22:5-6

AUXÍLIO

Significado Literal: Tomar o lugar de alguém.

Descrição: O dom de auxílio é a capacitação divina para realizar tarefas práticas e necessárias que liberam, apóiam e suprem as necessidades de outros.

Destaques: As pessoas com esse dom:

- ❑ Servem "por detrás" da cena quando há necessidade de apoiar os dons e ministérios dos outros.
- ❑ Vêem coisas práticas e concretas a serem feitas alegrando-se em fazê-las.
- ❑ Sentem o propósito de Deus e têm prazer em assumir responsabilidades de rotina.
- ❑ Dão valor espiritual ao serviço prático.
- ❑ Alegram-se em saber que o seu serviço permite a outros fazerem o que Deus os chamou a fazer.

Características:

- ❑ Disponibilidade
- ❑ Boa vontade
- ❑ Auxiliador
- ❑ Pessoa de confiança
- ❑ Lealdade
- ❑ Pode contar com ela
- ❑ Topa tudo que for necessário

Cuidados: As pessoas com esse dom:

- ❑ Precisam valorizar seu dom, lembrando-se de que fazer coisas práticas é uma contribuição espiritual ao corpo de Cristo
- ❑ Têm dificuldade em dizer "não".
- ❑ Precisam ser sensíveis às prioridades da liderança, ao invés de considerarem suas próprias agendas e prioridades.

Versículos: I Co 12:28; Rm 12:7; At 6:1-4; Rm 16:1-2

COMUNICAÇÃO CRIATIVA

Significado Literal: Comunicar artisticamente.

Descrição: O dom da comunicação criativa é a capacitação divina para expressar a verdade de Deus através de várias formas de arte.

Destaques: As pessoas com esse dom:

- ❑ Usam as artes para comunicar a verdade de Deus
- ❑ Desenvolvem e usam suas habilidades artísticas (drama, escrita, música, arte em geral etc.).
- ❑ Usam variedade e criatividade para cativar as pessoas, levando-as a considerar a mensagem de Cristo.
- ❑ Desafiam, através das várias formas de arte, a visão que as pessoas têm de Deus.
- ❑ Criam novas formas de expressar o ministério e a mensagem do Senhor Jesus.

Características:

- ❑ Expressivo
- ❑ Tem imaginação
- ❑ Gosta de novas idéias
- ❑ Artístico
- ❑ Criativo
- ❑ Não convencional
- ❑ Sensível

Cuidados: As pessoas com esse dom:

- ❑ Precisam lembrar que a arte não é um fim em si mesma, mas um meio de glorificar a Deus e edificar outras pessoas.
- ❑ Poderiam sentir dificuldades em aceitar críticas e resultados de avaliação.
- ❑ Poderiam não cooperar (por causa de ego, orgulho ou individualismo) e precisam se esforçar para fazer parte do time.

Versículos: Sl 150:3-5; 2 Sm 6:14-15; Mc 4:2,33

CONHECIMENTO

Significado Literal: Saber, conhecer.

Descrição: O dom de conhecimento é a capacitação divina para trazer a verdade ao Corpo pela iluminação ou entendimento bíblico.

Destaques: As pessoas com esse dom:

- ❑ Recebem verdades que as capacitam a servir melhor ao Corpo.
- ❑ Estudam as Escrituras para obter discernimento, entendimento e verdade.
- ❑ Têm discernimento ou entendimento incomum.
- ❑ Organizam informações para ensino e uso prático.
- ❑ Obtêm conhecimento não adquirido por meios naturais ou pela observação.

Características:

- ❑ Curioso
- ❑ Sensível
- ❑ Observador
- ❑ Tem discernimento
- ❑ Reflete nas coisas
- ❑ Estudioso
- ❑ Verdadeiro

Cuidados: As pessoas com esse dom:

- ❑ Precisam tomar cuidado com o orgulho.
- ❑ Devem lembrar que a mensagem transmitida à igreja não vem deles, mas de Deus.
- ❑ Precisam lembrar que quanto maior o conhecimento maior é a responsabilidade.

Versículos: I Co 12:8; Mc 2:6-8; Jo 1:45-50

CONTRIBUIR

Significado Literal: Dar uma parte, compartilhar.

Descrição: O dom de contribuir é a capacitação divina para dar dinheiro e recursos à obra do Senhor com alegria e liberalidade.
Pessoas com esse dom não se perguntam: "Quanto devo dar ao Senhor", e sim: "Quanto preciso para me sustentar?"

Destaques: As pessoas com esse dom:

- ❑ Lidam bem com suas finanças e limitam os seus gastos pessoais para contribuir com o máximo de recursos.
- ❑ Apóiam o ministério com contribuições sacrificiais para o avanço do Reino.
- ❑ Suprem necessidades concretas para que ocorra o crescimento espiritual.
- ❑ Providenciam recursos, com alegria e de modo generoso, confiando na provisão de Deus.
- ❑ Talvez tenham uma capacidade especial para ganhar dinheiro a fim de que possam usá-lo no avanço da obra de Deus.

Características:

- ❑ Bom mordomo
- ❑ Responsável
- ❑ Gerador de recursos
- ❑ Caridoso
- ❑ Confia em Deus
- ❑ Controlado (disciplinado)

Cuidados: As pessoas com esse dom:

- ❑ Precisam valorizar seu dom, lembrando-se de que dar dinheiro e recursos é uma contribuição espiritual ao corpo de Cristo.
- ❑ Precisam lembrar que a direção da igreja é determinada pela liderança e não pela contribuição.
- ❑ Precisam tomar cuidado quanto à ganância.

Versículos: Rm 12:8; Lc 21:1-4

CURA

Significado Literal: Restaurar instantaneamente.

OBS: A palavra está realmente no plural, "curas", indicando que vários tipos de cura são possíveis com esse dom, (ex. emocional, social, espiritual, física etc.).

Descrição: O dom de cura é a capacitação divina, que torna o crente num canal, através do qual Deus restaura pessoas.

Destaques: As pessoas com esse dom:

- ❑ Demonstram o poder de Deus.
- ❑ Trazem restauração aos doentes e enfermos.
- ❑ Autenticam a mensagem de Deus através da cura.
- ❑ Usam a cura como oportunidade para comunicar as verdades bíblicas e glorificar a Deus.
- ❑ Oram, tocam ou falam palavras que, milagrosamente, trazem cura para o corpo de alguém.

Características

- ❑ Compaixão
- ❑ Confiança em Deus
- ❑ Atitude de oração
- ❑ Cheio de fé
- ❑ Humildade
- ❑ Sensibilidade
- ❑ Obediência

Cuidados: As pessoas com esse dom:

- ❑ Precisam lembrar que nem sempre é a sua fé, ou a do enfermo, que determinam a cura, mas a soberana vontade de Deus.
- ❑ Precisam lembrar que Deus não promete cura a todos que pedem.
- ❑ Devem lembrar que Jesus não curou a todos os doentes e sofridos, enquanto esteve na terra.

Versículos: 1Co 12:9; 28, 30; At 3:1-16; Mc. 2:1-12

DISCERNIMENTO

Significado Literal: Separar, distinguir, discernir.

Descrição: O dom de discernimento é a capacitação divina para distinguir entre verdade e erro, podendo discernir entre espíritos bons e maus, e entre o bem e o mal.

Destaques: As pessoas com esse dom:

- ☒ Distinguem a verdade do erro, o bem do mal, os motivos puros dos impuros.
- ☒ Identificam, com precisão e de forma apropriada o engano nos outros.
- ☒ Determinam se uma mensagem é autêntica.
- ☒ Reconhecem incoerências no ensino, na mensagem ou na interpretação profética.
- ☐ Podem sentir a presença do mal.

Características:

- ☒ Perceptivo
- ☒ Tem discernimento
- ☒ Sensível
- ☒ Intuitivo
- ☐ Decisivo
- ☐ Desafiante
- ☒ Verdadeiro

Cuidados: As pessoas com esse dom:

- ☒ Podem ter dificuldades em saber como expressar suas percepções e sentimentos.
- ☐ Podem ser duras ao confrontar pessoas ao invés de falar a verdade em amor.
- ☒ Precisam confirmar suas percepções antes de comunicá-las.

Versículos: 1Co 12:10; At 5:1-4;Mt 16:21-23

ENCORAJAMENTO

Significado Literal: Estar ao lado.

Descrição: O dom de encorajar é a capacitação divina para apresentar a verdade, com o objetivo de fortalecer, consolar ou estimular à ação aqueles que estão desmotivados ou fracos.

Destaques: As pessoas com esse dom:

- ❑ Chegam ao lado daqueles que estão fracos para fortalecê-los ou tranqüilizá-los.
- ❑ Desafiam, consolam ou confrontam os outros para que confiem nas promessas de Deus.
- ❑ Estimulam outros à ação pela aplicação da verdade bíblica.
- ❑ Motivam outros a crescer.
- ❑ Enfatizam as promessas de Deus e confiam na Sua vontade.

Características:

- ❑ Positivo
- ❑ Motivador
- ❑ Desafia
- ❑ Afirma a verdade
- ❑ Tranqüiliza
- ❑ Apóia
- ❑ Digno de confiança

Cuidados: As pessoas com esse dom:

- ❑ Às vezes podem ser otimistas, simplistas ou aduladoras ao extremo.
- ❑ Devem tomar tempo para saber onde as pessoas estão e quais são suas necessidades reais.
- ❑ Talvez queiram dizer somente coisas positivas para evitar o confronto desnecessário.

Versículos: Rm 12:8; At 11:22-24; At 15:30-32

ENSINO

Significado Literal: Instruir.

Descrição: O dom de ensino é a capacitação divina para entender, explicar claramente e aplicar a palavra de Deus nas vidas dos ouvintes, fazendo com que se tornem cada vez mais semelhantes a Cristo.

Destaques: As pessoas com esse dom:

- ❑ Comunicam verdades bíblicas que estimulam maior obediência à palavra de Deus.
- ❑ Desafiam os ouvintes com as verdades das Escrituras de forma simples e prática.
- ❑ Apresentam todo o conselho de Deus a fim de causar o máximo de mudanças nas vidas.
- ❑ Dão atenção aos detalhes e à precisão.
- ❑ Preparam-se através de um extenso tempo de estudo e reflexão.

Características:

- ❑ Disciplinado
- ❑ Perceptivo
- ❑ Apto a ser ensinado
- ❑ Tem autoridade
- ❑ Prático
- ❑ Analista
- ❑ Capaz de falar

Cuidados: As pessoas com esse dom:

- ❑ Devem evitar o orgulho que poderia resultar de um entendimento ou conhecimento privilegiado.
- ❑ Prender-se a detalhes no ensino e falhar nas aplicações de ordem prática.
- ❑ Devem lembrar sempre que espiritualidade não é medida pelo quanto sabemos.

Versículos: Rm 12:7; I Co 12:28-29; At 18:24-28; 2 Tm 2:2

EVANGELISMO

Significado Literal: Levar as boas novas.

Descrição: O dom de evangelismo é a capacitação divina para comunicar eficazmente o evangelho aos descrentes, de modo que possam responder em fé, tornando-se discípulos de Jesus.

Destaques: As pessoas com esse dom:

- ❑ Comunicam a mensagem de Cristo com clareza e convicção.
- ❑ Buscam oportunidades para conversar com descrentes sobre assuntos espirituais.
- ❑ Desafiam descrentes a tomarem um passo de fé e a se tornarem verdadeiros e frutíferos discípulos de Jesus Cristo.
- ❑ Adaptam sua apresentação do evangelho de forma a atingir as necessidades do indivíduo.
- ❑ Buscam oportunidades para estabelecer relacionamentos (íntegros) com descrentes.

Características:

- ❑ Sincero
- ❑ Franco
- ❑ Respeitado
- ❑ Influenciador
- ❑ Espiritual
- ❑ Confiante
- ❑ Compromissado

Cuidados: As pessoas com esse dom:

- ❑ Precisam lembrar que a legítima motivação para uma decisão por Cristo não é a culpa, mas a ação do Espírito Santo.
- ❑ Não devem se tornar críticos dos outros, lembrando-se de que todos somos testemunhas, mas nem todos somos evangelistas.
- ❑ Precisam ouvir cuidadosamente e reconhecer que a mesma abordagem não é apropriada para todas as pessoas.

Versículos: Ef 4:11; At 8:26-40; Lc 19:1-10

FÉ

Significado Literal: Acreditar, confiar, crer.

Descrição: O dom de fé é a capacitação divina para agir à luz das promessas de Deus com confiança e fé não duvidosa, crendo que Deus é capaz de cumpri-las.

Destaques: As pessoas com esse dom:

- ❑ Crêem nas promessas de Deus e estimulam outros a fazerem o mesmo.
- ❑ Agem com total confiança na capacidade de Deus vencer todas as barreiras.
- ❑ Demonstram uma atitude de confiança na vontade de Deus e nas Suas promessas.
- ❑ Levam adiante o reino de Deus, porque elas avançam quando outros param.
- ❑ Pedem a Deus aquilo que é necessário e confiam que Ele proverá.

Características:

- ❑ Atitude de oração
- ❑ Otimista
- ❑ Confiante
- ❑ Crédulo
- ❑ Positivo
- ❑ Estimula outros
- ❑ Esperançoso

Cuidados: As pessoas com esse dom:

- ❑ Precisam agir de acordo com sua fé.
- ❑ Devem lembrar que aqueles que falam pela razão e desejam planejar não estão necessariamente faltos de fé.
- ❑ Precisam ouvir e considerar o conselho sábio de crentes cheios do Espírito.

Versículos: I Co 12:9; 13:2; Hb 11:1; Rm 4:18-21

HOSPITALIDADE

Significado Literal: Amor aos estrangeiros.

Descrição: O dom de hospitalidade é a capacitação divina para cuidar de pessoas, providenciando comunhão, comida e hospedagem.

Destaques:As pessoas com esse dom:

- ❑ Provêem um ambiente onde as pessoas se sentem valorizadas.
- ❑ Vão de encontro às necessidades das pessoas fazendo-as sentir-se bem.
- ❑ Criam lugares seguros e confortáveis, onde relacionamentos podem ser desenvolvidos.
- ❑ Provêem, generosamente, os recursos que testificam do suprimento de Deus.
- ❑ Podem ter uma habilidade especial para ganhar dinheiro, de forma que possam investi-lo na obra do senhor.

Características:

- ❑ Amigável
- ❑ Gracioso
- ❑ Convidativo
- ❑ Confiante
- ❑ Cuidadoso
- ❑ Sensível
- ❑ Transmite calor humano

Cuidados: As pessoas com esse dom:

- ❑ Devem evitar ver o seu dom como um mero entretenimento.
- ❑ Precisam perguntar a Deus quem Ele quer que elas sirvam e sejam amigas.
- ❑ Ao exercerem a hospitalidade, devem cuidar para não estressar a sua própria família.

Versículos: I Pe 4:9-10; Rm 12:13; Hb 13:1-2

INTERCESSÃO

Significado Literal: Rogar por alguém, interceder.

Descrição: O dom de intercessão é a capacitação divina para orar, regularmente, por outros, vendo resultados freqüentes e específicos.

Destaques: As pessoas com esse dom:

- ☐ Sentem-se constrangidas a orar com seriedade por alguém ou por um assunto.
- ☐ Têm consciência da batalha espiritual diária e oram neste sentido.
- ☒ São convencidas de que Deus age em resposta à oração
- ☒ Oram quando tocadas pelo Espírito, mesmo que não entendam.
- ☒ Agem com autoridade e poder pela proteção de outros e pela capacitação para servir.

Características:

- ☐ Advogado
- ☐ Cuidadoso
- ☒ Sincero
- ☐ Pacificador
- ☒ Digno de confiança
- ☒ Leva as cargas dos outros
- ☒ Sensível espiritualmente

Cuidados: As pessoas com esse dom:

- ☒ Devem evitar o sentimento de que seu dom não é valorizado, lembrando que o seu ministério de intercessão é uma contribuição valiosa para o corpo de Cristo.
- ☐ Não devem usar oração como escape do cumprimento de suas responsabilidades.
- ☐ Precisam evitar a atitude de superioridade espiritual causada pelo tempo que passam em oração e pela intimidade com Deus.

Versículos: Rm 8:26-27; Jo 17:9-26; 1Tm 2:1-2; Cl 1:9-12; 4:12-13

INTERPRETAÇÃO

Significado Literal: Traduzir, interpretar.

Descrição: O dom de interpretação é a capacitação divina para transmitir ao corpo de Cristo a mensagem de alguém que fala em línguas.

Destaques: As pessoas com esse dom:

- ❑ Respondem a uma mensagem dada em línguas dando a interpretação.
- ❑ Glorificam a Deus e demonstram Seu poder através desta manifestação milagrosa.
- ❑ Edificam o Corpo de Cristo, interpretando uma mensagem apropriada de Deus.
- ❑ Entendem um idioma que não aprenderam, e comunicam aquela mensagem ao Corpo de Cristo.
- ❑ São, às vezes, profetas quando interpretam línguas para a igreja.

Características:

- ❑ Obediente
- ❑ Responsivo
- ❑ Dedicado
- ❑ Sábio
- ❑ Têm discernimento
- ❑ Sensível espiritualmente

Cuidados: As pessoas com esse dom:

- ❑ Precisam lembrar que a mensagem sendo interpretada deve refletir a vontade de Deus e não a dos homens.
- ❑ Devem lembrar que esse dom deve promover a edificação da Igreja Local.
- ❑ Devem lembrar que a interpretação de línguas deve ser feita de forma ordenada.

Versículos: I Co 12:10; 14:5; 14:26-28

LIDERANÇA

Significado Literal: Ficar na frente (liderar).

Descrição: O dom de liderança é a capacitação divina para passar uma visão, motivando e direcionando um povo a realizar harmoniosamente os propósitos de Deus.

Destaques: As pessoas com esse dom:

- ❑ Providenciam direção para o povo de Deus ou para o ministério.
- ❑ Motivam outros a desempenhar o máximo das suas habilidades.
- ❑ Apresentam a visão maior (geral) para que os outros entendam.
- ❑ Põem em prática os valores do ministério.
- ❑ Assumem responsabilidade e estabelecem alvos.

Características:

- ❑ Influenciam
- ❑ Diligente
- ❑ Tem visão
- ❑ Digno de confiança
- ❑ Persuasivo
- ❑ Motivador
- ❑ Estabelece alvos

Cuidados: As pessoas com esse dom:

- ❑ Devem saber que leva tempo para estabelecer uma credibilidade e que esta é essencial para uma liderança eficaz.
- ❑ Devem lembrar que o modelo bíblico é a liderança do servo, o maior se torna o servo de todos.
- ❑ Não precisam ter uma posição de liderança para exercitarem este dom.

Versículos: Rm 12:8; Hb 13:17; Lc 22:35-36

LÍNGUAS

Significado Literal: Língua, idioma.

Descrição: O dom de línguas é a capacitação divina para falar, adorar ou orar em um idioma desconhecido ao orador. Pessoas com esse dom podem receber uma mensagem espontânea de Deus, que é transmitida ao Corpo pelo dom de interpretação.

Destaques: As pessoas com esse dom:

- ❑ Expressam, com interpretação, uma palavra do Espírito que edifica o corpo.
- ❑ Comunicam uma mensagem dada por Deus à igreja.
- ❑ Falam em um idioma o qual não aprenderam, nem entendem.
- ❑ Adoram ao Senhor com palavras profundas, além da compreensão da mente.
- ❑ Experimentam uma intimidade com Deus que as estimulam a servir e edificar os outros.

Características:

- ❑ Sensível
- ❑ Atitude de oração
- ❑ Confiante
- ❑ Dedicado
- ❑ Espontâneo
- ❑ Receptivo

Cuidados: As pessoas com esse dom:

- ❑ Devem permanecer caladas na igreja se não houver intérprete.
- ❑ Não devem esperar que outros manifestam esse dom como autenticação do Espírito.
- ❑ Devem lembrar que todos os dons, inclusive esse, são para a edificação da Igreja.

Versículos: 1 Co 12:10,28-30; 13:1; 14:1-33; At 2:1-11

MILAGRES

Significado Literal: Realizar feitos poderosos.

Descrição: O dom de milagres é a capacitação divina para autenticar o ministério e mensagem de Deus através de intervenções sobrenaturais que O glorifiquem.

Destaques: As pessoas com esse dom:

- ❑ Falam a verdade de Deus a qual é autenticada pelo milagre.
- ❑ Expressam confiança na fidelidade de Deus e em Sua capacidade de manifestar Sua presença.
- ❑ Trazem o ministério e a mensagem de Jesus Cristo com poder.
- ❑ Reconhecem Deus como fonte do milagre e O glorificam.
- ❑ Representam Cristo e, através do milagre, apontam as pessoas para um relacionamento com Deus.

Características:

- ❑ Ousado
- ❑ Corajoso
- ❑ Tem autoridade
- ❑ Temente a Deus
- ❑ Convincente
- ❑ Atitude de oração
- ❑ Sensível

Cuidados: As pessoas com esse dom:

- ❑ Precisam saber que os milagres são, necessariamente, causados pela fé.
- ❑ Não devem encarar este dom como uma responsabilidade pessoal, lembrando-se de que Deus determina o local e o tempo da manifestação das Suas obras.
- ❑ Devem ter cuidado para não clamar pela presença/poder do Senhor por motivos puramente pessoais.

Versículos: I Co 12:10, 28-29; Jo 2:1-11; Lc 5:1-11

MISERICÓRDIA

Significado Literal: Ter compaixão.

Descrição: O dom de misericórdia é a capacitação divina para ajudar, com alegria e de maneira prática, aqueles que sofrem ou passam necessidades (é a compaixão em ação).

Destaques: As pessoas com esse dom:

- [x] Concentram-se no alívio das causas de dor ou sofrimento.
- [x] Encaram as necessidades dos desamparados e solitários.
- [x] Expressam amor, graça e dignidade àqueles que enfrentam dificuldades e crises.
- [x] Servem com alegria em circunstâncias difíceis e não agradáveis.
- [x] Preocupam-se com assuntos socias ou individuais que oprimem o povo.

Características:

- [ ] Empático
- [ ] Cuidadoso
- [x] Sensível
- [x] Bondoso
- [x] Leva as cargas dos outros

Cuidados: As pessoas com esse dom:

- [x] Precisam saber que, ao tirar alguém do sofrimento, pode-se estar impedindo a ação de Deus nesta vida.
- [x] Devem tomar cuidado para não se sentirem magoadas quando as pessoas não demonstram gratidão.
- [x] Não devem se tornar defensores ou serem irados com as fontes de sofrimento dos outros.

Versículos: Rm 12:8; Mt 5:7; Mc 10:46-52; Lc 10: 25-37

PASTOR

Significado Literal: Guiar um rebanho.

Descrição: O dom de pastor é a capacitação divina para nutrir, cuidar e guiar o povo à maturidade espiritual e a ser como Cristo.

Destaques: As pessoas com esse dom:

- ❑ Assumem a responsabilidade de nutrir a pessoa como um todo na sua caminhada com Deus.
- ❑ Providenciam direção e gerenciamento a um grupo do povo de Deus.
- ❑ São exemplos nas suas vidas daquilo que significa ser um discípulo dedicado de Cristo.
- ❑ Estabelecem confiança através de relacionamentos durante muito tempo.
- ❑ Lideram e protegem aqueles que estão sob o seu cuidado.

Características:

- ❑ Podem influenciar
- ❑ Sabe nutrir
- ❑ Guia
- ❑ Disciplina
- ❑ Protetor
- ❑ Apóia
- ❑ Trabalha com relacionamentos

Cuidados: As pessoas com esse dom:

- ❑ Devem lembrar que Deus julga aqueles que abusam ou negligenciam suas responsabilidades pastorais.
- ❑ Devem estar conscientes de que o desejo de alimentar e apoiar outros pode criar dificuldades para se dizer "não".
- ❑ Devem lembrar que alguns, sendo nutridos, crescerão além da sua capacidade de ajudar, devendo, portanto, serem livres para continuar a crescer.

Versículos: Ef 4:11-12; I Pe 5:1-4; Jo 10:1-18

PROFECIA

Significado Literal: Falar antes.

Descrição: O dom de profecia é a capacitação divina para revelar e proclamar a verdade de forma apropriada e relevante para entendimento, correção, arrependimento ou edificação, podendo haver implicações imediatas ou futuras.

Destaques: As pessoas com esse dom:

- ❑ Expõem pecado ou engano em outros para que haja reconciliação.
- ❑ Falam uma palavra apropriada de Deus que causa convicção, arrependimento e edificação.
- ❑ Vêem verdades, que outros não vêem, desafiando-os a responder à verdade.
- ❑ Alertam para julgamento imediato ou futuro se não vêem arrependimento.
- ❑ Entendem o coração e a mente de Deus através das experiências que Ele permite.

Características:

- ❑ Tem discernimento
- ❑ Constrangedor
- ❑ Não compromete a verdade
- ❑ Fala abertamente
- ❑ Tem autoridade
- ❑ Convincente
- ❑ Confronta as pessoas

Cuidados: As pessoas com esse dom:

- ❑ Precisam saber que os ouvintes podem rejeitar a mensagem se não for transmitida em amor e compaixão.
- ❑ Precisam evitar orgulho que pode criar uma atitude exigente ou desmotivadora que iria impedir o dom.
- ❑ Devem lembrar que discernimento e as escrituras devem apoiar e concordar com a profecia.

Versículos: Rm 12:6; I Co 12:10, 28, 13:2; 2 Pe 1:19-21

SABEDORIA

Significado Literal: Aplicar a verdade de forma prática.

Descrição: O dom de sabedoria é a capacitação divina para aplicar verdades espirituais de modo a suprir uma necessidade numa situação específica.

Destaques: As pessoas com esse dom:

- ❑ Focalizam-se nas conseqüências não vistas para determinar os próximos passos a serem tomados.
- ❑ Recebem entendimento daquilo que é necessário para suprir as necessidades do corpo.
- ❑ Providenciam soluções dadas por Deus no meio de conflito e confusão.
- ❑ Ouvem o Espírito providenciar direção para aquilo que Deus tem (que é o melhor) em uma situação.
- ❑ Aplicam verdades espirituais de modo específico e prático.

Características:

- ❑ Sensível
- ❑ Tem discernimento
- ❑ Prático
- ❑ Sábio
- ❑ Justo
- ❑ Tem experiência
- ❑ Bom senso

Cuidados: As pessoas com esse dom:

- ❑ Poderiam falhar e não compartilhar a sabedoria que Deus lhes deu.
- ❑ Não devem deixar que outros se tornem dependentes delas, o que fragilizaria sua fé.
- ❑ Precisam ser pacientes com os outros que não têm esse dom.

Versículos: 1 Co 12:8; Tg 3:13-18; 1 Co 2:3-14; Jr 9:23-24

GRUPO PEQUENO—DONS ESPIRITUAIS DOS OUTROS

INSTRUÇÕES:

1. Esclareça o seu Dom Espiritual compartilhando os seguintes pontos com seu grupo:

    a. Qual o seu dom principal e porque você pensa ser este o dom que você possui.

    b. Quais são os cuidados que você deve tomar no uso deste dom.

2. Escute os demais compartilharem no grupo acerca dos seus dons espirituais e procure ter uma melhor compreensão dos dons apresentados.

• ____

"Faça como eu faço"

• ____

"Meu dom é mais importante do que o seu."

• ____

"Não tenho um dom espiritual."

COMBINANDO OS DONS ESPIRITUAIS À PAIXÃO

Situação 1: Mesma Paixão - Dons diferentes

Pessoas servindo em posições diferentes dentro do mesmo ministério

	Roberto	Natália	Francisco
Mesma Paixão	Filhos em situações difíceis na vida	Filhos em situações difíceis na vida	Filhos em situações difíceis na vida
Dons diferentes	Administração	Contribuição	Ensino
Possíveis áreas de serviço	Organizar eventos para servir crianças Coordenar aulas e treina-mento Facilitar transporte Identificar recursos e pessoas para suprir necessidades	Patrocinar um programa e material Adotar uma criança ou família Financiar treinamento para voluntários	Ensinar aos pais e responsáveis Liderar um estudo

COMBINANDO OS DONS ESPIRITUAIS À PAIXÃO

Situação 2: Diferentes Paixões - Dons iguais

Pessoas servindo em ministérios diferentes ocupando as mesmas posições

	Chico	Conceição	Ana
Desejos diferentes	Pessoas Idosas	Pessoas sem teto	Discipulado
Dons iguais	Ensino	Ensino	Ensino
Possíveis áreas de serviço	Liderar estudos bíblicos em asilos Ensinar na Escola Dominical para os idosos ou sobre eles	Liderar estudos em abrigos Ensinar na Escola Dominical sobre os "sem-teto"	Liderar um grupo pequeno Mentor Espiritual Escrever treinamento para auto-estudo

COMBINANDO OS DONS ESPIRITUAIS À PAIXÃO

Atividade individual: Ligar os seus dons espirituais à sua paixão

INSTRUÇÕES:

1. No primeiro quadrado, escreva o que você acha ser a sua paixão principal.

2. No segundo quadrado, escreva qual você até agora pensa ser o seu dom principal.

3. No terceiro quadrado, escreva algumas áreas de ministério da sua igreja, onde você acha que poderia servir conforme a sua paixão e dom espiritual.

Minha paixão principal: (pág. 21)	ajudar os necessitados financeiramente
Meu principal dom espiritual: (pág.71)	intercessão
Algumas áreas de ministério onde eu poderia servir com minha paixão e dom:	Orar pelos necessitados

RESUMO

Exploramos nossos dons espirituais utilizando o *LEVANTAMENTO REFERÊNCIA DOS DONS ESPIRITUAIS*

Aprendemos três cuidados gerais quando utilizamos nossos dons:

- Projeção
- Exaltação
- Rejeição

Combinamos a nossa paixão com o nosso dom espiritual

PARTE 6

O QUE O AMOR TEM A VER COM ISTO?

PASSAGEM-CHAVE DA ESCRITURA: I Co. 13:1-8

VISÃO GERAL

Nessa parte você irá:

- Listar os resultados de servir com amor e sem amor.
- Identificar as diferenças entre ser servo e servilismo (ser bajulador).
- Aplicar os princípios de ser servo a uma situação real de ministério.
- Identificar um aspecto de servo no qual você se concentrará e demonstrar um passo prático para começar.

E Eu passo a mostrar-vos ainda um caminho sobremodo excelente (I Co. 12:31b)

Ainda que eu falasse a língua dos homens e dos anjos, e não tivesse amor, seria como o metal que soa, ou como o sino que tine. Ainda que eu tivesse o dom de profecia, e conhecesse todos os mistérios e toda a ciência, e ainda que eu tivesse toda a fé, de maneira tal que transportasse os montes, e não tivesse amor, nada seria. E ainda que distribuísse toda a minha fortuna para o sustento dos pobres, e ainda que entregasse o meu corpo para ser queimado, e não tivesse amor, nada disso me aproveitaria. (I Co. 13:1-3)

Os dons espirituais expressados sem amor não refletem o caráter de Deus nem tem um

____.

O amor é paciente, é benigno. O amor não inveja, não se vangloria, não se ensoberbece. Não se porta inconvenientemente, não busca seus próprios interesses, não se irrita, não suspeita mal. O amor não se alegra com a injustiça, mas se regozija com a verdade. Tudo sofre, tudo crê, tudo espera, tudo suporta. O amor nunca falha... (I Co. 13:4-8a)

SERVILISMO E SER SERVO

OCUPAÇÃO: servir sem amor.

MINISTÉRIO: servir com amor.

QUAL SUA MOTIVAÇÃO PARA SERVIR?

	OCUPAÇÃO	MINISTÉRIO
Motivo para servir	______________ Atitude que diz "eu TENHO que fazer isso"	______________ Atitude que diz "eu QUERO servir a Deus"
Preocupado em servir para que	______________ Na ocupação somos motivados pelo que "outros vão dizer se eu não servir, ou se eu não fizer parte desse ministério, ou se eu não der meu tempo"	______________ No ministério servimos porque temos comunhão íntima com Deus, sendo Ele mesmo o único espectador e a quem queremos agradar.
Serve com a atitude de	______________ A ocupação tenta fazer o mínimo necessário e cumprir o mínimo possível	______________ No ministério somos servos disponíveis para ir além do que prescreve nossa obrigação.
Tem uma mentalidade sobre o ministério que diz:	______________ A ocupação visa promover a sua própria agenda e ainda pergunta - "o quanto eu ganho com isso"?	______________ Os servos olham para o alto e perguntam, "Senhor, o que TU queres de mim? Como minha vida pode Te honrar? Como posso fazer diferença hoje pela forma que tu me capacitaste.

QUAL SUA MOTIVAÇÃO PARA SERVIR?

	OCUPAÇÃO	MINISTÉRIO
Serve com um espírito de:	______________________ Quando trabalhamos por mera ocupação, olhamos para o que fizemos e dizemos "Olha o que EU fiz, Eu tenho algo a contribuir, SOU especial, EU...EU.. EU"	______________________ O ministro diz: "Deus fez isto! Deus me deu um dom e me encheu do Espirito para exercitá-lo. DEUS me usou para tocar a vida de alguém."
Os resultados são:	______________________ Crentes motivados pela mera ocupação tentam se edificar e chamar atenção para si mesmos	______________________ O servo diz: "Não olhe para mim, estou feliz em servi-lo, dê glória a Deus, Ele é maravilhoso!"

Assim resplandeça a vossa luz diante dos homens, para que vejam as vossas boas obras e glorifiquem a vosso Pai que está nos céus. (Mateus 5:16)

Nisto conhecerão todos que sois meus discípulos, se vos amardes uns aos outros (João 13:35)

GRUPOS PEQUENOS: SER SERVO

INSTRUÇÕES:

1. Cada pessoa fala sobre um aspecto do Ministério (servir com amor) que gostaria de focalizar.

2. Identificar um passo concreto que você possa tomar em direção a este aspecto.

Um aspecto do ministro que você gostaria de focalizar:

Um passo prático para começar:

RESUMO

Servir sem amor resulta em falta de qualquer impacto ou diferença no Reino de Deus.

Identificamos a diferença entre ocupação e ministério.

Os princípios de uma atitude de serviço foram aplicados a uma situação real de ministério.

serviço e amor resulta em falta de qualquer impacto ou diferença no Reino de Deus.

Qual é a diferença entre ordenação e ministério.

Os princípios da unidade de serviço foram aplicados a uma situação real de ministério.

PARTE 7

COMO POSSO FAZER ISTO COM ESTILO PESSOAL?

PASSAGEM-CHAVE DA ESCRITURA: SALMO 139:13-16

VISÃO GERAL

Nesta seção você irá:

1. Identificar as três características principais do Estilo Pessoal.
2. Identificar os dois elementos principais do Estilo Pessoal.
3. Determinar seu Estilo Pessoal usando o *Levantamento do Estilo Pessoal.*
4. Compilar seu *Perfil de Servo.*
5. Identificar duas possibilidades de ministério que reflitam seu *Perfil de Servo.*

AS CARACTERÍSTICAS DO ESTILO PESSOAL

1. O *Estilo Pessoal* é dado por Deus.

2. Não há Estilo Pessoal certo ou errado.

3. O *Estilo Pessoal* responde à pergunta:

'Como somos designados a servir?'

> *Pois criaste o meu interior; entreteceste-me no ventre da minha mãe. Eu te louvo porque de um modo terrível e maravilhoso fui formado; maravilhosas são as tuas obras, e minha alma o sabe muito bem. Os meus ossos não te foram encobertos, quando no oculto fui formado. Quando fui entretecido nas profundezas da terra, os teus olhos viram o meu corpo ainda informe. Todos os dias que foram ordenados para mim, no teu livro foram escritos quando nenhum deles havia ainda.*
>
> *(Sl 139:13-16)*

Escreva seu nome.

A. Ana Paula de Barros Pinheiro

B. Ana Paula de Barros Pinheiro

OS ELEMENTOS DO ESTILO PESSOAL

MOTIVADO PELA TAREFA ⟷ **MOTIVADO PELAS PESSOAS**

Esta escala descreve como recebemos e focalizamos nossa energia emocional.

Pela Tarefa
Estimulado ao realizar tarefas

Como você se Motiva?
Pela Tarefa ↕ Pelas Pessoas

Pelas Pessoas
Estimulado ao lidar com pessoas

Se você for motivado pela tarefa:

O conteúdo principal do seu ministério deve ser cumprir ____________________ que beneficiem aos outros.

Seu enfoque principal deve ser o __________________________.

Se você for motivado pelas pessoas:

O conteúdo principal do seu ministério deve incluir ______________________________________.

Seu enfoque principal deve ser ______________________________________.

Tanto o que é motivado por pessoas quanto por tarefas valorizam os relacionamentos e cumprimento dos alvos estabelecidos, mas cada um tem os meios prioritários e secundários para alcançá-los.

OS ELEMENTOS DO ESTILO PESSOAL

NÃO-ESTRUTURADO ⟷ ESTRUTURADO

Essa escala descreve como você prefere se organizar.

Não-Estruturado
Prefere ter muitas opções e *flexibilidade*

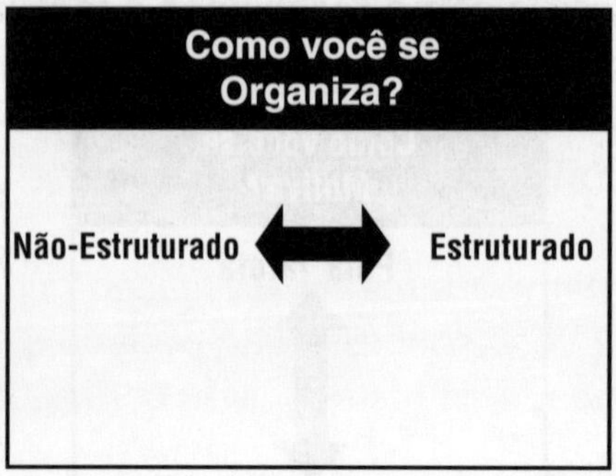

Estruturado
Prefere planejar e pôr *ordem* em sua vida

Se você for do tipo não-estruturado:

Sua posição no ministério deve ser

_____________________________.

Seus relacionamentos com os outros devem ser

___________________________.

Se você for do tipo estruturado

Sua posição no ministério deve ser

____________________________.

Seus relacionamentos com os outros devem ser

_________________________.

Tanto os **Estruturados** quanto os **Não-estruturados** valorizam o serem organizados, mas cada um ao seu modo.

AVALIAÇÃO DO ESTILO PESSOAL

INSTRUÇÕES

1. Para cada item, assinale a palavra que melhor descreve o que você preferiria fazer ou ser na maioria das situações.

2. Não responda de acordo com o que você acha que se espera de um cônjugue, família, patrão etc.

3. Selecione o comportamento ou reação que ocorreria naturalmente se você soubesse que poderia se expressar de forma espontânea, sem restrições ou conseqüências.

COMO VOCÊ SE ORGANIZA?

1. Nas férias prefiro	ser espontâneo	1 2 3 4 5	seguir um plano fixo
2. Prefiro traçar diretrizes	gerais	1 2 3 4 5	específicas
3. Prefiro deixar opções	em aberto	1 2 3 4 5	resolver logo
4. Prefiro projetos que tenham	variedade	1 2 3 4 5	rotina
5. Gosto de	improvisar	1 2 3 4 5	seguir um plano
6. Acho a rotina	chata	1 2 3 4 5	segura (posso descansar)
7. Realizo melhor as tarefas quando	resolvo as coisas ao longo do projeto	1 2 3 4 5	sigo um plano

Como você se organiza? **O=** ____ **TOTAL**

AVALIAÇÃO DO ESTILO PESSOAL

COMO VOCÊ SE ESTIMULA?

1. Sinto-me melhor	**fazendo** algo para as pessoas	1 2 3 4 5	**estando** com as pessoas
2. Quando estou realizando uma tarefa, tendo a	focalizar no alvo	1 2 3 4 5	focalizar nos relacionamentos
3. Fico empolgado com	o avanço de uma causa	1 2 3 4 5	o sentido de comunidade
4. Sinto que realizei algo quando	termino uma tarefa	1 2 3 4 5	construo um relacionamento
5. É mais importante começar uma reunião	na hora	1 2 3 4 5	quando todos estiverem presentes
6. Estou mais preocupado	em cumprir um prazo	1 2 3 4 5	manter a equipe
7. Valorizo mais	a ação	1 2 3 4 5	a comunicação

Como você se estimula? **O=** ______ **TOTAL**

CALCULE SEU *PERFIL DO SERVO*

1. Na grade da próxima página, coloque X na escala "O" que corresponde ao seu total de "O" da página anterior.

2. Na grade na próxima página, coloque X na escala "E" que corresponde ao seu total de "E" acima.

3. Desenhe uma linha vertical passando pelo número marcado na escala "O".

4. Desenhe uma linha horizontal passando pelo número marcado na escala "E".

5. Seu *Estilo Pessoal* é indicado pela cruzamento das duas linhas.

Exemplo

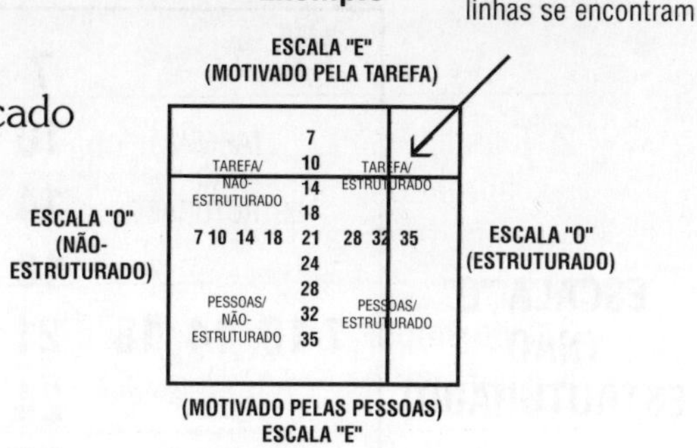

OS QUATRO QUADRANTES DO ESTILO PESSOAL

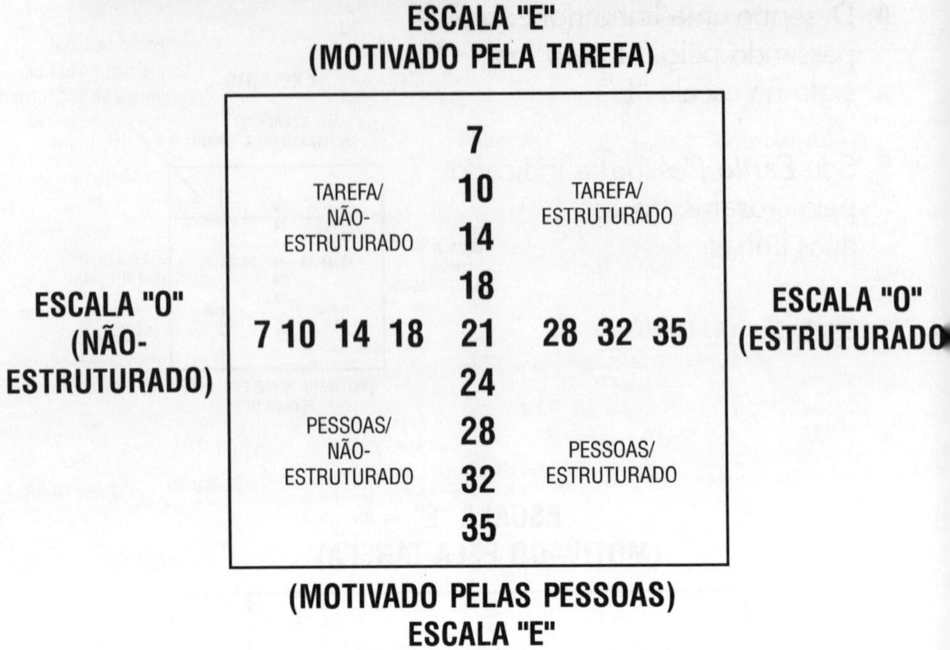

Tarefa/Não-Estruturado

* Diretrizes gerais
* Ajuda quando for necessário
* Versátil
* Gosta de resultados concretos

Considere o tipo de ministério que lhe possibilite cumprir uma ______________________________ de responsabilidades.

Tarefa/Estruturado

* Cumpre a tarefa até o fim
* Prefere seguir uma agenda
* Focaliza nos resultados
* Aprecia orientação clara

Considere o tipo de ministério que lhe permita saber exatamente quais são os ____________________ e ______________________ a tarefa deve ser realizada.

OS QUATRO QUADRANTES DO ESTILO PESSOAL

Pessoas/Não-Estruturado

* Situações espontâneas
* Relaciona-se bem com pessoas
* Gosta de conversar
* Tende a ser flexível

Considere o tipo de ministério que lhe dê a liberdade de responder às pessoas ______________________________.

Pessoas/Estruturado

* Relacionamentos definidos
* Transmite calor humano
* Ambiente conhecido
* Gosta de relacionamentos conhecidos

Considere o tipo de ministério que lhe capacite a interagir com pessoas em situações mais__________________ ou__________________________________.

INTENSIDADE DO ESTILO PESSOAL

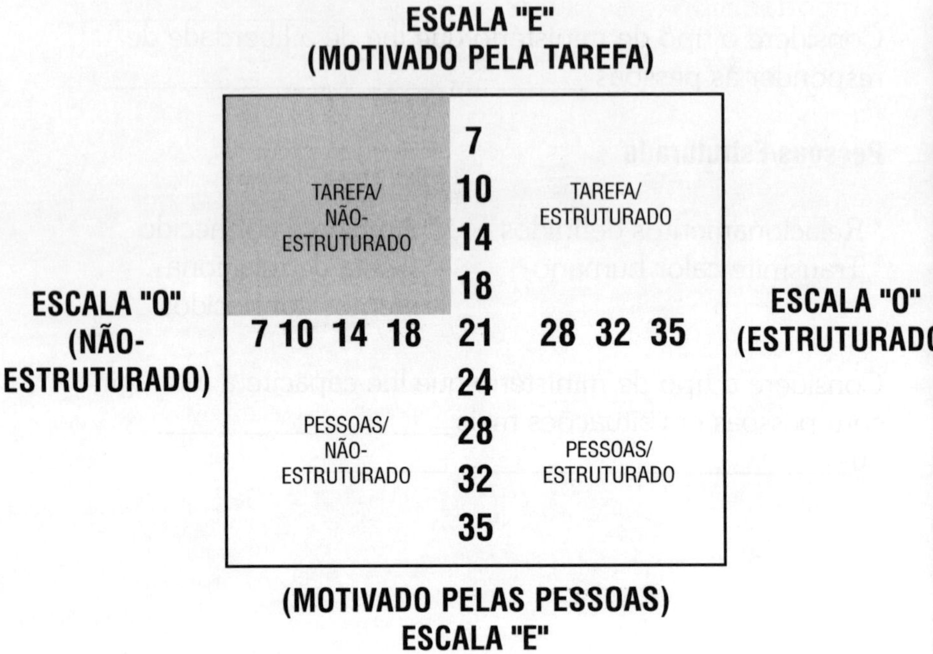

RESUMO DO ESTILO PESSOAL

O *Estilo Pessoal* ______________________________ nosso

comportamento, mas não o ____________________________

COMPILE O SEU PERFIL DE SERVO

INSTRUÇÕES

1. Escreva seu *Estilo Pessoal* no espaço indicado abaixo.

2. Se você ainda não escreveu a sua *Paixão* e o seu *Dom Espiritual*, faça isso também.

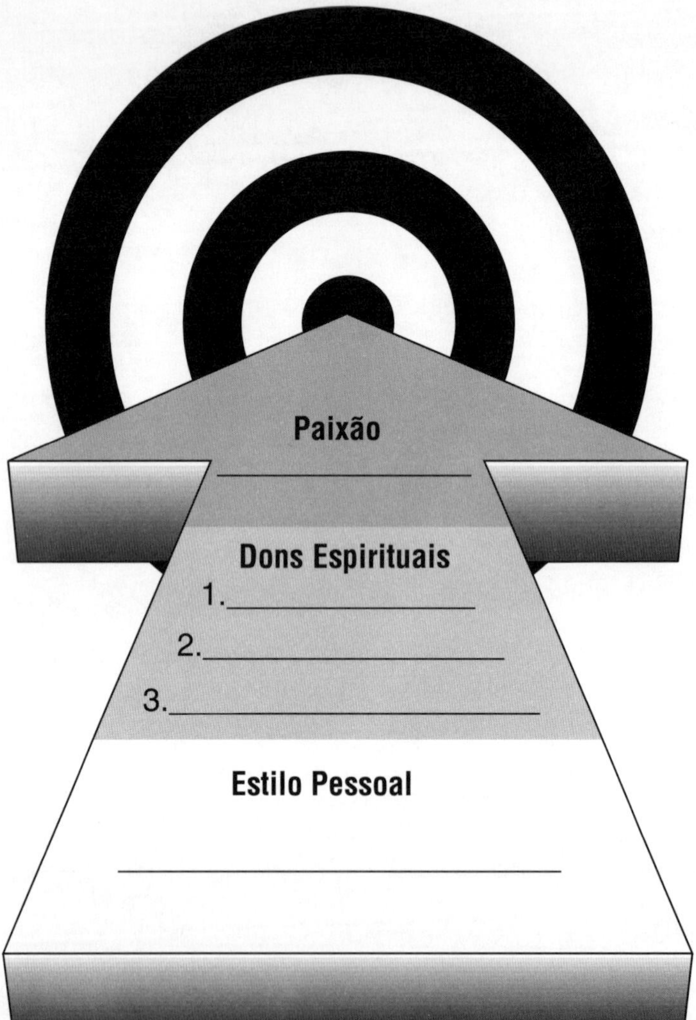

GRUPOS PEQUENOS: ALISTAR AS POSSIBILIDADES DE MINISTÉRIOS

INSTRUÇÕES:

1. Compartilhe com o seu grupo o seu *Perfil de Servo* (enquanto os outros membros do seu grupo falam dos seus Perfis, anote seus nomes, desejos, dons e estilos pessoais nos lugares apropriados abaixo).

2. Peça ao grupo que lhe sugira algumas possibilidades de ministério, depois transcreva-as no espaço reservado na próxima página.

3. Assinale duas das possibilidades que mais lhe interessaram.

Não se sinta limitado pelos ministérios que sua igreja tem ou deixa de ter.

MINI-PERFIL *(DOS COLEGAS)*

NOME

Desejo

Dom(ns)

Estilo Pessoal

GRUPOS PEQUENOS: ALISTAR AS POSSIBILIDADES NOS MINISTÉRIOS

OS POSSÍVEIS MINISTÉRIOS QUE ME INTERESSARIAM EM NOSSA IGREJA SERIAM:

- ❑ ______________________________

- ❑ ______________________________

- ❑ ______________________________

- ❑ ______________________________

- ❑ ______________________________

RESUMO

O *Estilo Pessoal* responde à pergunta **"Como"**.

Os elementos do *Estilo Pessoal* são:

- Motivado pela Tarefa / Motivado pelas Pessoas, como somos motivados
- Estruturado / Não Estruturado, como nos organizamos

Perfil do Servo

- O plano de Deus para você

PARTE 8

SERVIR É PARA TODA A VIDA

PASSAGEM-CHAVE DA ESCRITURA: 1 PEDRO 4:10

VISÃO GERAL

Nesta parte você irá:

1. Alistar dois princípios para servir toda a vida.
2. Identificar a diferença entre contribuições individuais e contribuições comunitárias.
3. Identificar dois fatores que afetam sua capacidade de contribuir individual ou comunitariamente.
4. Revisar o segundo passo do processo da Rede Ministerial, Consultoria.

SERVIÇO É PARA TODA A VIDA

Portanto, rogo-vos, irmãos, pela compaixão de Deus que apresenteis os vossos corpos como sacrifício vivo, santo e agradável a Deus, que é o vosso culto racional.
(Rm. 12:1)

Adoração é uma atividade que deve durar por toda a nossa existência.

Servi uns aos outros , cada um conforme o dom que recebeu, como bons despenseiros da multiforme graça de Deus. (I Pe. 4:10)

Ser mordomo de Jesus Cristo é um exigência que durará toda uma vida.

Vós, irmãos, fostes chamados à liberdade. Não useis, porém, a liberdade para dar ocasião à carne, mas servi-vos uns aos outros pelo amor. (Gl. 5:13)

Servir é algo que faremos por toda a vida.

CONTRIBUIÇÃO INDIVIDUAL E COMUNITÁRIA

CONTRIBUIÇÃO INDIVIDUAL

Sua contribuição individual é servir de modo a expressar o seu *Perfil do Servo* e sua *Paixão*, o seu *Dom Espiritual* e o seu *Estilo Pessoal*

CONTRIBUIÇÃO COMUNITÁRIA

Contribuições comunitárias envolvem as ________________ da igreja local de prover um lugar de adoração e ministério.

CONTRIBUIÇÃO INDIVIDUAL E COMUNITÁRIA

FATORES QUE AFETAM A SUA CAPACIDADE DE CONTRIBUIÇÃO INDIVIDUAL OU COMUNITÁRIA

Disponibilidade:

Maturidade Espiritual:

A CONSULTORIA

Seu consultor trabalhará com você para identificar aquelas áreas de ministério que melhor reflitam seu Perfil de Servo.

RESUMO

Por que devemos servir?:

- Glorificar a Deus
- Edificar os outros

Como devemos servir - *Perfil de Servo*:

- **Paixão** - responde à pergunta *ONDE*
- **Dons Espirituais** - respondem à pergunta *O QUE*
- **Estilo Pessoal** - responde à pergunta *COMO*

Quando servirmos devemos fazê-lo:

- Como corpo
- Em amor

O que for feito em amor durará para sempre.

Servir é para a vida inteira!

Administração
Apostolado
Artesanato
Auxílio
Conhecimento
Comunicação Criativa
Contribuir
Cura
Discernimento
Encorajamento
Ensino
Evangelismo
Fé
Hospitalidade
Intercessão
Interpretação
Liderança
Línguas
Misericórdia
Milagres
Profecia
Pastorado
Sabedoria

AVALIAÇÃO

Material Aplicado:

1. Quanto ao material aplicado neste programa, atendeu suas expectativas em termos de importância, utilidade e qualidade?

5	**4**	**3**	**2**	**1**
Foi além das minhas expectativas		Atendeu às minhas expectativas		Abaixo das expectativas

2. Que nível de aprendizado você experimentou durante este curso?

5	**4**	**3**	**2**	**1**
Signficante		Moderado		Pouco

3. Quanto é relevante o que você aprendeu para sua igreja ou ministério?

5	**4**	**3**	**2**	**1**
Altamente relevante		De alguma forma relevante		Não relevante

4. Você sugeriria para alguém a participação neste curso?

5	**4**	**3**	**2**	**1**
Sim		Possivelmente		Não

5. Quais apectos deste curso foram mais úteis?

____

____

6. Quais aspectos deste programa foram menos úteis?

____

____

7. O que, na sua opnião, deveria ter sido incluído no curso?

____

____

AVALIAÇÃO

Instrutor:

8. Em que grau o instrutor demonstrou profundo entendimento e credibilidade com respeito ao material?

5	4	3	2	1
Alto		Razoável		Pouco

9. Em que grau o instrutor teve uma postura motivadora, contribuindo para seu aprendizado?

5	4	3	2	1
Alto		Razoável		Pouco

10. Em que grau o instrutor interagiu com os participantes, facilitando seu aprendizado?

5	4	3	2	1
Alto		Razoável		Pouco

11. Comentários:

____

____

____

____

____

____

____

____

____

____

____

COMO MAXIMIZAR SUA CONSULTORIA

Antes da Consultoria

1. Antes de sua consultoria:

• Ore por sabedoria e discernimento para você e para o consultor.

• Reveja sua Ficha do Servo e prepare-se para discutir sua paixão, dons espirituais e estilo pessoal com seu consultor.

• Reveja as informações de disponibilidade e maturidade espiritual.

• Procure identificar ministérios que reflitam sua singularidade e que tenham lhe despertado interesse.

• Se disponha a trabalhar com o consultor priorizando as oportunidades ministeriais que pareçam ser a expressão mais natural de quem Deus lhe fez.

2. Se, por qualquer razão, você não puder comparecer à sua consultoria, ligue com antecedência adiando-a.

Depois da Consultoria

3. Depois da consultoria, contate os líderes de ministério que você identificou como para um possível envolvimento, no máximo duas semanas após sua consultoria.

4. Dedique tempo para orar e refletir sobre seu envolvimento num ministério em particular.

5. Se você tiver questões adicionais, ligue para seu consultor. Seu consultor é um voluntário cujo ministério é lhe servir.

Lembre-se

Nosso estágio na vida pode afetar nossa disponibilidade. Você tem filhos jovens? Você é casado? Solteiro? Solteiro com filho? Que outros fatores influenciam no tempo que você dispõe para o serviço?

Quanto tempo você viaja durante a semana? A que distância

você mora do local onde exerce seu ministério? Em quais atividades você está envolvido durante a semana?

Qual seu nível de disponibilidade? Você sente como se estivesse sem tempo? Você sente estar gastando tempo com atividades que poderiam ter uma menor prioridade?

Depois de avaliar sua disponibilidade e prioridades , você tem tempo para começar a fazer sua contribuição singular no Corpo de Cristo? Se não, isto não lhe impossibilita de servir? Você pode encontrar posição temporária que melhor se encaixe, enquanto planeja e faz ajustes para, no futuro, desempenhar sua contribuição singular no Corpo de Cristo.

NÃO CONFUNDA DOM ESPIRITUAL COM

TALENTOS

Os talentos podem ser um indicador de sua inclinação para um dom, mas não se iguala necessariamente ao seu Dom Espiritual.

Eis aqui a distinção fundamental entre Dons Espirituais e talentos naturais: Enquanto os Dons Espirituais são singulares ao crente, os talentos são comuns a todos. Ambos são dados por Deus. Assim como suas experiências e traços de seu caráter podem indicar um Dom Espiritual singular, da mesma forma os seus talentos também podem. A afirmação de qualquer Dom Espiritual deve ser consistente com a glorificação de Deus e edificação dos outros.

FRUTO DO ESPÍRITO

O fruto do Espírito é a marca de maturidade espiritual listada em Gálatas 5:22: "amor, gozo, paz, longanimidade, benignidade, bondade, fidelidade, mansidão e domínio próprio." Está relacionado com o desenvolvimento do caráter. É uma qualidade do "ser", enquanto que os Dons Espirituais são qualidades do "fazer".

Tanto o Fruto do Espírito quanto os Dons Espirituais devem ser evidentes na vida do crente. Ambos são importantes para uma vida bem equilibrada e que honre a Deus.

DISCIPLINAS ESPIRITUAIS

Disciplinas Espirituais incluem estudo pessoal da Bíblia, oração, jejum, dízimo e outras práticas que nos ajudam a crescer na fé, controlam nossos desejos pecaminosos e desenvolvem nosso caráter. As Disciplinas Espirituais nos ajudam a crescer em nosso relacionamento com Deus. Os Dons Espirituais ajudam-nos a servir ao Corpo de Cristo. A relação entre Dons Espirituais e Disciplinas Espirituais é ilustrada pela seguinte comparação:

NÃO CONFUNDA DOM ESPIRITUAL COM

DONS ESPIRITUAIS	DISCIPLINAS ESPIRITUAIS
• Evangelismo	• Testificação
• Intercessão	• Oração
• Conhecimento	• Estudo

POSIÇÕES NO MINISTÉRIO

Na igreja, nós nos referimos a algumas pessoas como "pastor", "professor", ou "líder". Estes títulos podem ou não combinar exatamente com o Dom Espiritual delas. Por exemplo, embora existam muitos líderes de pequenos grupos, pode ser que nem todos tenham o dom da Liderança, porque nem sempre precisam desse dom para ser um líder de pequeno grupo (posição). Alguns podem ter o dom do Pastorado, alguns do Encorajamento, alguns do Ensino, e alguns de Liderança. Nem todos os professores de Escola Dominical têm o dom de Ensino. Nós podemos chamá-los de "professor", e ainda assim eles podem ter outros dons. Estes títulos só têm valor dentro do propósito de comunicação na igreja, e mesmo assim nós precisamos lembrar que estes títulos nem sempre combinam exatamente com os Dons Espirituais da pessoa.

PERFIL DO SERVO

PESSOAL

Nome: ______________________________ Sexo: __________

Endereço: __________________________Bairro: ___________

Cidade: ________________Estado: ____ CEP: _____________

Fone Resid.: _________ Fone Trab.: _________ Nasc.: ___/___/___

FAMÍLIA

Estado Civil; ________________________________

Nome do Cônjuge: ______________________Nasc.: ___/___/___

Nome do Filho: ______________________Nasc.: ___/___/___

Nome do Filho: ______________________Nasc.: ___/___/___

Nome do Filho: ______________________Nasc.: ___/___/___

Nome do Filho: ______________________Nasc.: ___/___/___

IGREJA

Data de Conversão: ___/___/___

Grupos Pequenos: ___ Estou em um (nome do líder) __________

___ Gostaria de estar em um

___ Estava em um (nome do líder) __________

___ Outros: ____________________

ENVOLVIMENTO MINISTERIAL ATUAL

Liste os ministérios em que você está atualmente envolvido:

Ministério: ____________________ Líder: ______________

Ministério: ____________________ Líder: ______________

Ministério: ____________________ Líder: ______________

Outros: ____________________ Líder: ______________

PERFIL DO SERVO

ENVOLVIMENTO MINISTERIAL PASSADO

Liste os ministérios em que você esteve envolvido:

Ministério: ____________________ Líder: ____________________

Ministério: ____________________ Líder: ____________________

Ministério: ____________________ Líder: ____________________

Outros: ____________________ Líder: ____________________

EMPREGO

❑ Sou empregador ❑ Sou empregado ❑ Estou sem emprego

Nome da Companhia: ____________________

Função/Responsabilidade: ____________________

Principal produto ou atividade; ____________________

FORMAÇÃO

❑1º Grau ❑2º Grau ❑Superior Completo ❑Superior Incompleto

❑Outros

PERFIL DO SERVO

Eu tenho paixão por: 1.______________________

2.______________________

Meus dons espirituais são: 1.______________________

2.______________________

Meu estilo pessoal é

- ❑ Motivado por pessoas/Estruturado
- ❑ Motivado por tarefas/ Estruturado
- ❑ Motivado por pessoas/ Não estruturado
- ❑ Motivado por tarefas/ Não estruturado

Minha disponibilidade de tempo é:

- ❑ Limitada (1-2 horas semanais)
- ❑ Moderada (2-4 horas semanais)
- ❑ Significante (+ de 4 horas semanais)
- ❑ Incerta

Eu gostaria de saber mais sobre os seguintes ministérios:

____

____

TALENTOS E HABILIDADES

Em adição ao Perfil do Servo, marque cuidadosamente cada talento ou habilidade na qual você tenha comprovada capacitação com relação a cada área abaixo:

Escritório	**Trabalho com**	**Auxílio Geral**
❑ Datilog./Digitação	❑ Deficientes	❑ Atendimento a clien.
❑ Proc de textos	❑ Drogados	❑ Alimentação
❑ Recepcionista	❑ Mudos	❑ Cuidar de Crianças
❑ Telex, Fax, etc.	❑ Surdos	❑ Duplicação de fitas
❑ Telefonista	❑ Prostitutas	❑ Jardinagem
❑ Tradução	❑ Visitação em hospit.	❑ Manutenção
❑ Secretaria	❑ ____________	❑ Transporte
❑ ____________	❑ ____________	❑ Treinamento
❑ ____________	❑ ____________	❑ Recepção
❑ ____________	❑ ____________	❑ ____________

PERFIL DO SERVO

CONTINUAÇÃO

Serviços Prof.

- ☐ Aconselhamento
- ☐ Administração
- ☐ Área de Impostos
- ☐ Área Financeira
- ☐ Área Jurídica
- ☐ Área de Marketing
- ☐ Comunicação
- ☐ Computador
- ☐ Contabilidade
- ☐ Engenharia:______
- ☐ Esportes
- ☐ Enfermagem
- ☐ Lavagem e limpeza
- ☐ Medicina:______
- ☐ Primeiros socorros
- ☐ Relaçòes públicas
- ☐ Saúde mental
- ☐ Saúde dental
- ☐ Setor pessoal
- ☐ Testes vocacionais
- ☐ Trabalho social
- ☐ Televisão
- ☐ Vendas
- ☐ ______
- ☐ ______
- ☐ ______

Artes

- ☐ Artista:______
- ☐ Decoração
- ☐ Fotografia
- ☐ Gráficos
- ☐ Layout
- ☐ Multimídia
- ☐ Trabalhos Manuais

Teatro

- ☐ Ator
- ☐ Dança
- ☐ Mímica
- ☐ Marionetes
- ☐ Poeta
- ☐ ______
- ☐ ______

Mecânica

- ☐ Equipamentos
- ☐ Mecânica Diesel
- ☐ Mecânica Auto
- ☐ Motos
- ☐ ______
- ☐ ______
- ☐ ______
- ☐ ______
- ☐ ______
- ☐ ______

Ensino ou Assist.

- ☐ Aeróbica
- ☐ Adultos solteiros
- ☐ Casais
- ☐ Dança
- ☐ Esportes
- ☐ Faculdade
- ☐ Grupos de Homens
- ☐ Grupos de mulheres
- ☐ Pré-Escola
- ☐ 1º Grau
- ☐ 2º Grau
- ☐ ______
- ☐ ______

Outros

- ☐ Arquiteto
- ☐ Encanador
- ☐ Eletricista
- ☐ Marceneiro
- ☐ Mestre-de-obras
- ☐ Pedreiro
- ☐ Técnico:______
- ☐ ______
- ☐ ______
- ☐ ______
- ☐ ______
- ☐ ______

BIBLIOGRAFIA

Embasamento

The New Reformation [A Nova Reforma], Greg Ogden, Zondervan

Pouring New Wine Into Old Wineskins [Colocando Vinho Novo em Odres Velhos], Aubrey Malphurs, Baker Books

Geral

Serving One Another [Servindo Uns Aos Outros], Gene Getz, Victor Books

The New Reformation [A Nova Reforma], Greg Ogden, Zondervan

Unleashing the Church [Desencadeando o Crescimento a Igreja], Frank Tillapaugh, Regal Books

Unleashing Your Potential [Desencadeando O Seu Potencial], Frank Tillapaugh, Regal Books

Partners In Ministry [Parceiros de Ministério], James Garlow, Beacon Hill Press of Kansas City

The Body [O Corpo], Chuck Colson, Word Publishing

Paixão

The Truth Abiout You [A Verdade Sobre Você], Arthur Miller/ Ralph Mattson, Ten Speed Press

Dons Espirituais

Spiritual Gifts [Dons Espirituais], Bobby Clinton, Horizon House

Spiritual Gifts [Dons Espirituais], David Hocking, Promise Publishing

Team Ministry [Ministério de Equipe], Pedro Gilbert, Church Growth, Peter Wagner, Regal Books

BIBLIOGRAFIA

Spiritual Gifts Can Help Your Church Grow [Dons Espirituais Podem Ajudar Sua Igreja a Crescer], Peter Wagner, Regal Books

Finding (and Using) Your Spiritual Gifts [Descobrindo (e Usando) Seus Dons Espirituais, Tim Blanchard, Tyndale House

Discovering Spiritual Gifts [Descobrindo Os Dons Espirituais], Paul Ford, Fuller Institute

Estilo Pessoal

Please Understand Me [Por Favor Me Entenda], David Keirsey/ Marily Bates, Prometheus Nemsis Book Co.

Understanding How Others Misunderstand You [Compreendendo Como Outros Lhe Interpretam Mal], Ken Vogues/ Ron Braund, Moody

The Delicate Art of Dancing With Porcupines [A Delicada Arte de Dançar Com Porcos-Espinhos] Bob Phillips, Regal Books

Outros Recursos

Serving Sessions [Sessões de Serviço], Bill Hybels, Seeds Tapes, (Willow Creek Community Church)

Ministério de Apoio à Rede Ministerial

Willow Creek Association

P.O. Box 3188

Barrington, IL 60011-3188

U.S.A.

Telefone: 001 (708) 765-0070

Fax: 001 (708) 765-5046

Ministries International

27355 Betanzos

Mission Viejo, CA 92692

U.S.A.

Telefone: 800-588-8833

Igreja Batista Central

Rua Osvaldo Cruz, 3401

60125-151 FORTALEZA, CE

Telefone: (085) 272-1314

Fax: (085) 272-1510

A Willow Creek Resources é uma editora que atua em parceria com a Zondervan Publishing House, a Editora Vida e a Willow Creek Association. A Willow Creek Resources produz peças teatrais curtas ("sketches"), cursos para pequenos grupos, material de treinamento, vídeos e muitos outros recursos especializados para o ministério.

A Willow Creek Association é uma rede internacional de igrejas fundada em 1992. A Willow Creek Association serve às igrejas através de conferências, seminários, mesas-redondas, consultoria e materiais de recursos para o ministério. A missão da Associação é dar assistência às igrejas no restabelecimento da prioridade e da prática de alcançar os perdidos para Cristo, através de ministérios, cujo alvo seja alcançar os perdidos.

Para informação sobre seminários e conferências por favor escreva para:

Igreja Batista Central
Rua Osvaldo Cruz, 3401
60125-151 FORTALEZA, CE
Telefone: (085) 272-1314
Fax: (085) 272-1510

A Willow Creek Resources é uma editora que em parceria com a Zondervan Publishing House e a Editora Vida e a Willow Creek Association. A Willow Creek Resources produz recursos [illegible] cursos, [illegible] em [illegible] de [illegible] vídeos, [illegible] recursos [illegible] ministério.

A Willow Creek Association [illegible] internacional de igrejas fundada em 1992. A Willow Creek Association [illegible] seminários, [illegible] fundamentados [illegible] recursos para o ministério. A missão da Associação [illegible] igrejas [illegible] pelos perdidos [illegible].

[illegible]

Igreja [illegible]

Rua Osvaldo Cruz, 3401

[illegible] FORTALEZA - CE

Telefone: (085) 272-[illegible]

Fax: (085) 272-1310